Squeezie, biographie sans filtre

Du jeu vidéo à la scène de Bercy

Julien Bramorel

Chapitre 1 – Lucas Hauchard avant Squeezie (1996–2010)

Naître en banlieue parisienne : enfance entre image, son et écriture

Lucas Hauchard voit le jour le 27 janvier 1996 dans une commune de la région parisienne, dans cet entre-deux urbain où la ville gronde sans jamais tout à fait s'imposer. Ce n'est ni un quartier bourgeois ni une banlieue défavorisée, mais un cadre de vie ordinaire, marqué par la proximité du béton, les rumeurs de périphérique et les après-midis calmes derrière les volets. C'est là, dans cette géographie sans emphase, que grandit celui qui deviendra la voix de toute une génération numérique. À ce moment-là, rien ne laisse encore présager ce destin, sinon peut-être une ambiance propice aux mondes intérieurs.

Lucas n'est pas un enfant agité. Il est observateur, concentré, souvent silencieux. Il passe de longues heures à dessiner, à bricoler des histoires, à plonger dans les jeux vidéo comme dans des univers parallèles. Très tôt, il développe un goût prononcé pour l'image animée, les objets technologiques, les musiques qui racontent des choses sans paroles. Ce n'est pas un enfant solitaire au sens triste du terme, mais un enfant du dedans, qui fabrique des mondes avant de vouloir s'exposer dans le monde.

La maison familiale joue un rôle discret mais structurant. Loin d'être surprotectrice ou étouffante, elle offre un cadre stable, une forme d'autonomie tranquille. Lucas est le plus jeune d'une fratrie où le grand frère occupe une place centrale. Ce frère, plus âgé, deviendra l'un des piliers de son imaginaire et l'un des déclencheurs de ses explorations futures. C'est par lui que Lucas découvre les logiciels de montage, les caméras, les sons trafiqués, les parodies bricolées. C'est par lui que l'ordinateur devient plus qu'un écran : un outil.

Ce grand frère, souvent évoqué dans ses interviews, n'est pas seulement un modèle affectif. Il est aussi, sans le savoir, le premier partenaire de jeu créatif de Lucas. Ensemble, ils font de la musique, testent des effets, composent des morceaux électro, expérimentent des voix pitchées. On est encore loin de YouTube, mais l'esprit est déjà là : détourner les outils du quotidien pour raconter, faire rire, surprendre. Le montage, l'imitation, le rythme – autant de choses que Lucas découvre en jouant, mais qu'il retiendra pour longtemps.

L'école, dans ces années-là, ne lui inspire ni rejet ni passion. Lucas s'y adapte sans heurts, mais ce n'est pas là qu'il se construit. Il ne fait pas partie des meneurs, ni des élèves à problème. Il est ce garçon calme, qui fait ce qu'on lui demande, mais dont les véritables élans sont ailleurs. Il préfère l'improvisation d'un sketch à la dictée, les jeux de rôle entre copains aux cours magistraux. Le théâtre, la musique, les arts visuels l'attirent davantage que les matières scolaires classiques. Déjà, ce qu'il aime, c'est le rythme, la surprise, l'effet.

Ce rapport à la création s'exprime aussi dans l'écriture. Lucas aime inventer des histoires, écrire des dialogues, créer des personnages. Il ne se projette pas encore en écrivain ou en réalisateur, mais il sent que les mots, comme les images, peuvent produire des émotions. Il enregistre des sons, coupe des extraits, superpose des musiques. Il n'a pas encore les outils professionnels, mais il bricole avec ce qu'il a. L'imagination est son moteur, et l'humour, déjà, son langage.

Autour de lui, le monde numérique commence à prendre de l'ampleur. L'ADSL arrive, les forums fleurissent, MSN devient un terrain d'échange, et les premiers blogs personnels apparaissent. Lucas regarde tout cela avec curiosité, mais sans précipitation. Il n'est pas encore dans la mise en scène de soi, plutôt dans la mise en forme de ce qu'il ressent. Il joue à créer des ambiances. Il explore le pouvoir d'une voix doublée, d'un bruitage mal placé, d'un silence comique. Ce qu'il cherche, ce n'est pas l'attention : c'est l'effet juste.

Sa chambre devient un petit studio avant l'heure. Il y a un ordinateur, un casque, parfois un micro récupéré. Il y a aussi ce silence qui autorise les essais, les enregistrements, les erreurs. Lucas ne filme pas encore son visage, mais il apprend à contrôler le rythme d'un enchaînement, le ton d'un commentaire, l'intensité d'un fond sonore. Sans s'en douter, il est en train de construire les briques de ce qui fera plus tard l'architecture de ses vidéos. Ce qu'il vit, à cet âge, n'est pas un entraînement – c'est une manière d'être au monde.

L'univers culturel qui l'entoure est aussi celui d'une génération née avec Internet mais élevée par la télévision. Lucas grandit avec les dessins animés de France 3, les mangas sur MCM, les premiers clips sur YouTube, les vidéos de Norman et Cyprien en plein essor. Il absorbe tout, mais digère à sa manière. Il ne veut pas copier, il veut faire à sa sauce. Et cette sauce, elle est faite de zapping, d'ironie, de second degré, de clins d'œil, de musiques improbables et de coupes franches. Le style Squeezie, déjà, se murmure dans les fonds sonores de ses débuts.

À l'orée de l'adolescence, Lucas n'est pas encore Squeezie. Il n'a pas encore trouvé son pseudo, ni son public, ni même son intention de créer pour les autres. Mais il a déjà une chose rare : une obsession joyeuse pour la création. Tout devient prétexte à inventer. Il ne cherche pas à briller, il cherche à faire rire son frère, ses amis, ou lui-même. Et dans ce rire-là, dans cette recherche d'impact comique ou musical, on sent poindre une énergie que rien ne viendra freiner. L'envie est là. Elle ne s'arrêtera plus.

L'influence du frère : musique, ordinateur, webcam

Dans beaucoup d'histoires de créateurs, il y a une figure déclencheuse. Une personne, souvent proche, qui sans le savoir, oriente toute une trajectoire. Pour Lucas Hauchard, ce rôle-là revient à son grand frère. Pas un mentor officiel, pas un gourou désigné, mais un adolescent curieux, passionné, touche-à-tout, qui va introduire dans l'univers de son cadet les outils essentiels : un ordinateur, une webcam, quelques logiciels de son et une dose d'irrévérence joyeuse. Dans cette fratrie, le savoir circule de pièce en pièce, par fragments, par découvertes partagées.

Le grand frère bidouille. Il aime la musique électronique, les sons triturés, les samples décalés. Il s'amuse avec Fruity Loops, avec Audacity, avec des logiciels qui permettent de transformer la voix, d'empiler des effets, de créer des beats à partir de rien. Lucas regarde, écoute, imite, puis crée à son tour. C'est le début d'une longue série de sessions nocturnes passées à enregistrer, couper, coller, rire aussi. Car ce qui relie les deux frères, au-delà des câbles et des micros, c'est une forme d'humour sonore, absurde, qui deviendra la marque de fabrique du futur Squeezie.

Très tôt, ils composent ensemble. Pas pour sortir un morceau, mais pour le plaisir de bricoler. Une voix de cartoon trafiquée, un jingle débile, une chanson volontairement ratée : tout est bon à prendre. Ils ne cherchent pas la beauté, ils cherchent l'effet comique. Et cette recherche-là les pousse à tester, à retenter, à revenir sur un détail jusqu'à trouver le bon tempo, la bonne rupture, le bon son. Ce n'est pas encore de la production, mais c'est déjà de la création au sens plein. Une forme d'exigence artisanale dans un cadre de jeu.

L'ordinateur familial devient leur terrain d'expression. Lucas y apprend à manier les fichiers, à comprendre la logique des calques, à synchroniser un son sur une image. Il découvre aussi les joies du montage rudimentaire :

Movie Maker, Sony Vegas, parfois même des logiciels de démo avec des filigranes. Ce n'est pas la qualité qui compte, c'est le potentiel. Chaque outil est détourné pour servir un sketch, une parodie, une voix pitchée à l'extrême. Lucas se forme sans le savoir à une grammaire visuelle et sonore qui le suivra partout.

Un jour, le frère ramène une webcam. Petite, légère, peu définie, mais suffisante pour enregistrer des visages, des regards, des grimaces. Le simple fait de se filmer devient un événement. Les deux frères inventent des personnages, tournent des mini-scènes, rejouent des situations absurdes. Lucas y prend goût. Pas au fait d'être vu, mais au pouvoir de créer une séquence, de provoquer une émotion à travers l'écran. Le cadre devient un espace à habiter, la caméra un miroir déformant qu'il apprend à maîtriser.

C'est aussi par son frère que Lucas entrevoit le potentiel des plateformes en ligne. D'abord Dailymotion, puis YouTube. Ils ne publient pas encore, mais ils regardent, ils commentent, ils s'inspirent. Ils repèrent les vidéos les plus vues, les formats qui marchent, les blagues qui circulent. Ils comprennent les codes. Pas pour les reproduire, mais pour les détourner. Cette culture du web, Lucas ne l'apprend pas à l'école. Il l'absorbe en famille, comme une langue maternelle parallèle, faite de memes, de glitches et de coupes rapides.

L'écart d'âge entre les deux frères joue ici un rôle clef. Lucas bénéficie d'un accès en avance à des outils, des références, des pratiques qu'il n'aurait pas découvertes seul à son âge. Ce décalage devient une chance. Il lui donne une longueur d'avance dans un monde numérique en pleine expansion. Il forge aussi une relation de confiance, où l'erreur est permise, où le ridicule devient un levier créatif. Car pour oser se filmer, se déformer la voix, chanter faux et faire rire, il faut d'abord un espace où le regard de l'autre n'est pas moqueur mais complice.

Cette complicité fraternelle dépasse largement le simple cadre des loisirs. Elle agit comme une initiation. Le grand frère n'impose rien, il ne transmet pas de manière verticale. Il partage. Et dans ce partage, Lucas trouve un encouragement tacite : celui de continuer, d'aller plus loin, de creuser son propre sillon. Il comprend que créer n'est pas réservé à une élite. Qu'avec un PC, une idée et un micro bon marché, on peut déjà faire beaucoup. Ce sentiment d'accessibilité va nourrir toute sa démarche future.

Au fond, ce que Lucas retient de ces années-là, ce n'est pas seulement la technique. C'est un certain rapport au jeu. Un jeu sérieux, un jeu qui demande du temps, de la patience, de la précision. Il découvre que faire rire demande du rythme, que le burlesque se construit image par image, que l'absurde n'est pas le fruit du hasard mais d'un timing bien tenu. Ces leçons, il ne les oubliera jamais. Et plus tard, dans ses vidéos les plus vues, on retrouvera ce même mélange de folie apparente et de rigueur invisible.

Quand il repensera à cette période, Lucas parlera souvent de "l'époque des délires avec mon frère". Comme si tout venait de là. Et d'une certaine manière, tout vient de là. C'est le moment où tout est encore permis, où la création est un prolongement du lien affectif, où la maison familiale devient le studio zéro d'une aventure qui, un jour, remplira des salles de concert. Avant Squeezie, il y avait un duo d'ados, un vieux micro, un ordinateur lent, et des heures de rires dans une chambre banlieusarde. Et c'était déjà une forme de scène.

Premiers montages, premières voix off : les prémices du "ton Squeezie"

Avant même de poster une seule vidéo en ligne, Lucas Hauchard a déjà passé des heures à monter, découper, coller, ajouter des voix, tester des bruitages. Ce ne sont pas encore des vidéos "publiées", mais ce sont déjà des vidéos pensées, structurées, livrées à un public restreint : son frère, quelques amis, parfois lui-même. Car chez Lucas, la création commence souvent par une projection intérieure. Il imagine une scène, un rythme, un enchaînement, et il se met au travail. Loin des projecteurs, mais avec la rigueur d'un artisan.

Ses premières expérimentations se font avec les outils disponibles. Movie Maker, d'abord. Interface simple, fonctionnalités limitées, mais assez pour apprendre l'essentiel : la chronologie, la coupe nette, l'effet sonore, le calage d'une piste audio. Très vite, Lucas comprend que le montage est le lieu où tout se joue. L'image n'est qu'une matière brute. Ce qui donne vie, ce qui déclenche le rire ou la surprise, c'est le rythme. Il développe ainsi un rapport instinctif au tempo, à la pause, à la relance. Ce sens du timing, il ne le perdra jamais.

Dans ces montages précoces, Lucas ajoute des voix. Des voix trafiquées, des voix accélérées, des voix qui commentent l'image de façon décalée. C'est là qu'apparaît pour la première fois ce qui deviendra plus tard le "ton Squeezie" : une voix-off rapide, ironique, qui mime la surprise, l'absurde, le commentaire moqueur mais jamais méchant. Cette voix-là ne s'impose pas tout de suite. Elle naît par tâtonnements. Mais elle revient. Encore et encore. Elle devient une signature.

Il s'amuse à commenter des séquences de jeu, bien avant l'arrivée des véritables Let's Play. Il filme son écran, improvise un commentaire, réagit en direct. Les vidéos ne sont pas publiées, mais elles tournent dans son cercle proche. On s'y moque des bugs, on surjoue les réactions, on fait des bruitages maison. Lucas ne cherche pas le réalisme. Il cherche le décalage. Et ce décalage passe par la voix, par la montée en régime, par les ruptures soudaines. Ce n'est pas seulement drôle. C'est construit.

Un autre élément-clé se dessine à cette période : la vitesse. Lucas déteste les longueurs. Il coupe tout ce qui dépasse. Il resserre les phrases, accélère les séquences, joue avec les ellipses. Ses vidéos sont courtes, mais elles vont vite. Elles bondissent d'un plan à l'autre, d'une idée à l'autre, comme si le cerveau du spectateur devait rester en alerte. Ce choix esthétique n'est pas une lubie. C'est une stratégie. Il comprend, très tôt, que sur Internet, l'attention est rare, précieuse, fragile. Il faut l'attraper et ne jamais la lâcher.

Ce sens de la concision est doublé d'un goût pour la répétition comique. Une phrase reprise trois fois, un zoom sur une expression absurde, un bruitage récurrent : Lucas construit des motifs. Il les teste. Il observe les réactions de ses proches. Il ajuste. Ce travail d'essai-erreur, sans pression extérieure, sans enjeu commercial, est l'un des socles de sa liberté créative. Il n'a encore rien à perdre, donc tout à inventer.

C'est aussi dans ces vidéos "privées" que Lucas apprend à se mettre en scène sans s'exposer. Il utilise des avatars, des personnages, des voix altérées. Il évite encore son visage, comme s'il n'était pas prêt à passer devant la caméra. Ce n'est pas de la timidité, c'est une forme de pudeur créative. Il veut d'abord maîtriser l'arrière-plan : le son, le rythme, l'effet. L'image de lui viendra plus tard. Pour l'instant, il construit une mécanique. Et cette mécanique, quand elle sera lancée, portera sa voix beaucoup plus loin qu'il ne l'imagine encore.

Les premières voix-off de Lucas sont marquées par un ton singulier : à la fois enfantin et maîtrisé, survolté et précis. Il joue sur les contrastes, module son intonation, simule des dialogues entre personnages fictifs. Chaque voix devient un outil, une brique dans l'édifice comique. Et ce jeu de voix, qu'il affinera plus tard dans ses vidéos gaming, a ici ses premières fondations. Il ne copie pas les autres : il cherche un angle. Quelque chose qui lui ressemble. Quelque chose qui claque.

L'écriture aussi prend une place centrale. Lucas ne lit pas un script, mais il pense ses vidéos comme des histoires. Il y a un début, une tension, une chute. Parfois c'est improvisé, parfois c'est réécrit. Il ne cherche pas la structure académique, mais l'efficacité narrative. Ce qui compte, c'est que le spectateur soit happé. Et ce souci du spectateur, déjà présent avant toute publication, témoigne d'une conscience aiguë de ce qu'est un bon contenu : un moment qu'on a envie de voir jusqu'au bout.

Dans ces premiers montages, dans ces premières voix off, tout n'est pas encore là. Mais l'essentiel, si. Le sens du rythme, le goût du son, l'humour de contraste, la volonté de créer un univers. Lucas Hauchard, à ce stade, ne sait pas encore qu'il deviendra Squeezie. Mais il sait déjà qu'il veut faire rire, surprendre, inventer. Il a trouvé un terrain de jeu, et il commence à en connaître les règles. Les vidéos viendront plus tard. Mais le style, lui, est en train de naître.

Une adolescence casanière et hyperconnectée

Lucas Hauchard n'est pas un adolescent comme les autres, mais il ne s'en vante jamais. Tandis que ses camarades sortent, traînent dans les centres commerciaux ou testent leurs premiers frissons dans les soirées de quartier, lui préfère la solitude organisée de sa chambre. Ce n'est pas un repli. C'est un choix. Une manière d'être au monde, à distance mais sans retrait. Casanier, oui — mais jamais déconnecté. Bien au contraire. Lucas vit branché en continu. Aux réseaux, aux jeux, aux sons, aux images. Il habite son espace comme un cockpit.

Sa chambre est un centre de production. Rien de luxueux. Un bureau, un ordinateur, une connexion Internet. C'est suffisant. Il y passe des heures, parfois des journées entières. Il monte, il mixe, il joue, il regarde, il crée. Il vit dans une temporalité parallèle, faite de playlists YouTube, de forums, de jeux en ligne et de logiciels ouverts en simultané. L'école lui impose un rythme, mais c'est ici que son temps personnel s'épanouit. C'est là qu'il se construit, loin du regard social, dans l'expérimentation et la répétition.

La connexion Internet devient une extension de lui-même. Il ne la vit pas comme un outil, mais comme un territoire. Chaque site est une salle, chaque plateforme un escalier vers autre chose. Il explore les chaînes YouTube naissantes, découvre des créateurs anglo-saxons, observe les codes émergents du vlog, du gaming, du commentaire. Il ne consomme pas bêtement. Il analyse. Il cherche ce qui marche, ce qui cloche, ce qui l'énerve, ce qui le fait rire. C'est une veille permanente, une immersion active.

Dans le même temps, Lucas joue beaucoup. Les jeux vidéo ne sont pas qu'un loisir, ce sont des mondes dans lesquels il peut agir, improviser, commenter, s'exprimer. Il joue à "Call of Duty", à "Minecraft", à des jeux en ligne où l'anonymat permet tous les personnages. Il s'amuse à faire des voix, à tester des répliques, à provoquer des réactions. Déjà, il n'est pas seulement joueur : il est performeur. Et les parties deviennent autant d'occasions de tester des idées qu'il peaufinera plus tard devant caméra.

Son humour se forge dans cette double réalité : celle des vidéos qu'il regarde, et celle des interactions en ligne. Sur Skype, sur MSN, sur TeamSpeak, il développe un sens de la répartie, du timing, du gag immédiat. Il fait rire ses potes, parfois même des inconnus. Et cette validation, même invisible, même numérique, agit comme un moteur. Il comprend qu'il peut captiver une audience — même minuscule, même fugace. Et cette capacité-là, il va apprendre à la canaliser.

Lucas ne cherche pas encore à "percer". Il ne pense pas en termes de carrière ou de notoriété. Ce qu'il veut, c'est créer quelque chose qui tienne debout. Un sketch bien monté. Une vidéo bien calée. Un moment qui fonctionne. Il n'a pas d'ambition mégalo, mais il a une exigence. Il recommence, il jette, il corrige. Il ne montre pas tout. Il attend que ce soit prêt. Ce perfectionnisme discret, loin du clinquant, sera l'une de ses forces les plus durables.

L'adolescence est aussi, pour lui, une période de construction intérieure. Il ne parle pas beaucoup de lui. Il n'étale pas ses émotions. Mais tout passe dans ce qu'il crée. Dans les bruitages exagérés, les accélérés comiques, les voix absurdes. C'est une forme de pudeur détournée. Il ne s'expose pas frontalement, mais il se dit. Et ceux qui sauront écouter ses vidéos plus tard y retrouveront, sous l'humour, un regard d'une finesse inattendue.

Ses parents, pendant ce temps, le laissent faire. Ils ne freinent pas ses élans, mais ils n'en font pas non plus une fierté anticipée. Lucas grandit dans un climat de liberté tempérée. Il n'y a pas de pression pour "réussir", ni de cadre trop rigide. Juste une forme de confiance silencieuse. Et cette confiance lui permet de continuer à explorer, à tester, à progresser sans crainte. Il n'a pas besoin de se justifier. Il avance.

Quand ses copains de classe parlent de leurs sorties, Lucas parle peu. Il écoute. Il sourit. Mais il garde pour lui ce qu'il fait le soir, ce qu'il monte, ce qu'il prépare. Il ne se sent pas en décalage, il se sent ailleurs. Il n'est pas à la marge, il est déjà dans un autre monde. Et ce monde-là, qu'il façonne encore en amateur, sera bientôt sa scène principale. Pour l'instant, il l'arpente en silence. Mais tout est prêt.

À la veille de ses quinze ans, Lucas Hauchard a déjà un style, une technique, une voix. Il ne lui manque qu'une chose : un pseudo. Un nom qui dira ce qu'il fait, ce qu'il est, ce qu'il va devenir. Ce nom-là, il le trouvera bientôt. Et dès qu'il l'aura trouvé, il publiera sa première vidéo sur YouTube. Nous sommes à quelques mois du 3 mars 2011. Et sans le savoir, une révolution douce est sur le point de commencer.

Chapitre 2 – La naissance d'une chaîne (2011–2012)

3 mars 2011 : upload de la première vidéo

Le 3 mars 2011, une vidéo de 6 minutes et 21 secondes est mise en ligne sur YouTube. Elle s'intitule *Call of Duty: Black Ops - La vidéo détente #1*. L'image est floue, le micro crache un peu, le montage est sommaire, mais il se passe quelque chose. Ce n'est pas qu'un adolescent commente une partie de jeu vidéo. C'est qu'il le fait avec une voix, une énergie, un ton qu'on n'avait encore jamais entendus sur YouTube France. Ce jour-là, Lucas Hauchard devient Squeezie. Et il entre dans la légende sans le savoir.

Le pseudo "Squeezie", choisi quelques jours auparavant, est un mélange de sonorité américaine, de mignonnerie compressée, et d'instinct marketing inconscient. Il sonne bien. Il reste en tête. Il n'a pas de signification particulière, mais il dit tout : rapidité, souplesse, autodérision. Il annonce un personnage de cartoon qui sautille d'un sujet à l'autre, toujours à la limite du délire, jamais très loin de la blague. Ce nom va devenir une marque. Mais à l'origine, c'est juste un nom de gamer parmi tant d'autres.

La vidéo est tournée dans sa chambre, avec les moyens du bord. Lucas utilise un boîtier d'acquisition de bas niveau, enregistre son écran, branche un micro. Le commentaire est en partie improvisé, mais déjà tenu. Il ne lit pas de script, il parle comme il pense, avec des digressions, des accents, des effets vocaux. Ce qui frappe, ce n'est pas ce qu'il dit, mais comment il le dit. L'intonation monte, descend, bondit, s'emballe. La voix devient instrument. Et l'humour surgit, non pas du contenu, mais de la forme.

Dès cette première vidéo, on repère les ingrédients du futur Squeezie : un ton enlevé, une capacité à parler vite sans se perdre, un goût pour l'absurde, un besoin de rythme. Il ne commente pas seulement une partie de Call of Duty. Il en fait un spectacle. L'ennui, chez lui, est l'ennemi absolu. Tout doit s'enchaîner, rebondir, surprendre. À quinze ans, il a déjà compris que sur YouTube, la vitesse est une forme de politesse. Il ne laissera jamais son public s'endormir.

La vidéo est vue quelques centaines de fois dans les premiers jours. Rien de fou. Mais les commentaires sont là. Positifs, intrigués, amusés. "T'as une voix bizarre, mais j'adore", "C'est trop marrant, mec", "Continue, c'est original". Lucas lit tout. Il répond parfois. Il n'en revient pas. Ce qu'il faisait pour son frère, pour lui, pour rire, déclenche déjà des réactions d'inconnus. Et cette validation extérieure, même minime, agit comme un déclic. Il décide de continuer. Sérieusement.

Dans les semaines qui suivent, il publie d'autres vidéos. D'autres "vidéos détente", comme il les appelle. Le format est simple : une partie de jeu, un commentaire humoristique, des petits effets de montage. Mais chaque nouvelle vidéo affine le style. Il teste des voix, des bruitages, des vannes plus osées. Il cherche, sans le dire, une forme. Et cette forme, petit à petit, prend. Ses abonnés commencent à grimper. Doucement, mais sûrement. En avril, ils sont un millier. En mai, deux mille. En juin, dix mille.

Lucas ne le dit pas à tout le monde. À l'école, il reste discret. Il vit une double vie : lycéen ordinaire le jour, créateur de contenu la nuit. Il ne joue pas la star, parce qu'il n'en est pas une. Il reste dans sa chambre, derrière son ordi, à monter, à couper, à ajouter des bruitages. Mais il sent que quelque chose est en train de changer. Pour la première fois, ce qu'il fait existe hors de lui. Ce n'est plus un jeu privé. C'est une voix publique.

Cette période est à la fois euphorique et floue. Il n'a pas encore de projet précis. Il ne sait pas où ça va. Mais il sait que ça avance. Chaque nouvelle vidéo est un petit défi : faire mieux que la précédente, être plus drôle, plus rapide, plus inventif. Il passe des heures à retravailler ses montages, à chercher des musiques libres de droit, à tester des effets. Il n'est pas payé, il ne cherche même pas à l'être. Il veut juste que ça marche. Que ça claque.

Avec le recul, cette première vidéo du 3 mars 2011 apparaît comme un moment fondateur. Pas tant pour ce qu'elle contient que pour ce qu'elle déclenche. C'est une vidéo parmi des milliers, mais c'est celle où Lucas Hauchard devient Squeezie. Celle où la création devient publication. Celle où le regard de l'autre entre en scène. C'est le point de départ. Et déjà, tout est là : le ton, le rythme, la voix. Il n'a que quinze ans, mais il vient d'ouvrir une porte qui ne se refermera plus.

Une voix de pré-ado, un montage rapide, une énergie neuve

Ce qui frappe immédiatement, quand on tombe sur les premières vidéos de Squeezie, c'est sa voix. Une voix haut perchée, aiguë, parfois nasillarde, qui tranche avec la solennité des vidéastes plus âgés. Il a quinze ans, mais en paraît treize. Et cette fragilité vocale, loin d'être un handicap, devient un atout. Elle crée un contraste comique immédiat : une voix d'enfant qui commente des parties de guerre virtuelle avec une assurance déconcertante. Cette dissonance amuse, accroche, intrigue. Et Lucas, loin d'en rougir, en joue.

Il sait que sa voix est singulière. Il sait aussi qu'on va s'en moquer. Mais au lieu de chercher à la camoufler, il l'accentue. Il la pousse dans les aigus, il l'accélère, il en fait un outil comique. Il transforme ce qui pourrait être une faiblesse en marque de fabrique. Dès ses premières vidéos, il imite des personnages, fait des dialogues absurdes, invente des réactions surjouées. Il ne cherche pas à être crédible. Il cherche à faire rire. Et sa voix devient l'arme parfaite pour cela.

En parallèle, son montage est à l'image de sa voix : rapide, nerveux, sans temps mort. Lucas ne laisse jamais un blanc traîner plus de deux secondes. Il coupe les hésitations, supprime les silences, accélère les séquences. Le résultat est un flot continu d'images et de sons, une cavalcade rythmique qui ne ressemble à rien de ce qui se faisait en France à l'époque. Là où d'autres laissent respirer leurs vidéos, lui les resserre comme des mini-épisodes de cartoon.

Ce style de montage n'est pas encore maîtrisé à la perfection, mais il est déjà distinctif. Il tient du zapping, du sketch, du gif animé. Chaque image est prétexte à effet. Un zoom absurde, un bruitage cartoon, un texte à l'écran : Lucas invente une grammaire visuelle à la fois bordélique et précise. Il ne théorise rien. Il sent. Il teste. Il ajuste. Et ses vidéos deviennent, malgré leur simplicité, des objets esthétiques reconnaissables. Du Squeezie, on le sait dès la première seconde.

Ce qui renouvelle le genre, c'est aussi son énergie. Il ne parle pas posément. Il s'emballe. Il rit de ses propres blagues. Il fait des voix débiles. Il improvise des dialogues. Il commente une partie de jeu comme s'il jouait sa vie. C'est cette intensité, ce débordement contrôlé, qui donne à ses vidéos une saveur particulière. À une époque où beaucoup de vidéastes cherchent à expliquer, analyser, démontrer, Squeezie explose. Il n'argumente pas. Il performe.

Et cette performance n'est pas gratuite. Elle repose sur une écoute très fine de son audience. Lucas sent ce qui amuse, ce qui lasse, ce qui choque. Il lit les commentaires, ajuste son ton, évite les longueurs. Il ne se regarde pas parler : il cherche l'effet chez l'autre. C'est là sa grande force. Il ne crée pas pour lui-même, mais pour capter l'attention. Et cette attention, il la traite avec respect. Il ne la prend jamais pour acquise. Il la conquiert à chaque vidéo.

Son jeune âge, loin de le desservir, devient un avantage. Il attire un public collégien, lycéen, qui se reconnaît dans ses références, son ton, ses obsessions. Il parle le langage de sa génération. Sans filtre, sans surplomb. Il ne donne pas de leçon. Il partage ses délires. Et ce partage crée une proximité immédiate. On ne regarde pas Squeezie comme une star. On le regarde comme un pote un peu plus drôle que les autres. Un pote qui, en plus, sait faire des montages.

Cette connivence générationnelle crée une dynamique nouvelle. Les spectateurs ne sont pas passifs. Ils commentent, suggèrent, demandent des suites. Ils veulent une "vidéo détente #2". Ils veulent d'autres jeux. D'autres blagues. Lucas comprend que YouTube n'est pas un théâtre, c'est un dialogue. Et il va faire de ce dialogue un levier. À chaque vidéo, il interagit, s'adresse à son audience, crée des rendez-vous. Il installe des codes. Il fédère.

Son style, encore balbutiant, suscite aussi des critiques. Trop rapide, trop bruyant, trop "gamin". Certains le trouvent immature. Lui s'en moque. Il continue. Il sait que son ton ne plaît pas à tout le monde. Mais il sait aussi qu'il plaît à une partie croissante du public. Et cette fidélité-là compte plus que tout. Elle lui donne la liberté de continuer à être lui-même, sans chercher à plaire à tout le monde.

Au fond, cette période est celle de la mise en place. Squeezie n'est pas encore un phénomène, mais il devient une voix. Une voix différente, plus jeune, plus vive, plus rythmée. Une voix qui tranche dans le paysage YouTube francophone. Il n'a pas encore toutes les armes, mais il a l'énergie. Et cette énergie, si elle ne faiblit pas, va le porter très loin.

L'époque Call of Duty, Minecraft et Let's Play décalés

Au commencement, la chaîne Squeezie est avant tout une chaîne de gaming. Mais pas n'importe quel gaming. Pas du gameplay pur, pas du tutoriel, pas de la performance. Ce que fait Lucas, c'est autre chose : il joue pour faire rire. Il détourne les codes, commente à sa manière, transforme chaque partie en sketch à ciel ouvert. Ce n'est pas le jeu qu'il montre, c'est sa manière de le vivre. Et très vite, cela change tout. Parce qu'à l'époque, sur YouTube France, les Let's Play ne ressemblent pas à ça.

"Call of Duty: Black Ops", "Modern Warfare 2", "Battlefield 3" : les premières vidéos de Squeezie gravitent autour de ces titres. Des jeux de tir, nerveux, sombres, avec une communauté souvent très codée, très viriliste, très technique. Lucas, lui, prend tout à contre-pied. Il y joue mal, volontairement. Il exagère ses réactions. Il insère des bruitages loufoques. Il commente les situations les plus banales comme s'il s'agissait de scènes épiques. Il rend absurde ce que les autres prennent au sérieux. Et ce renversement plaît.

C'est aussi l'époque où Minecraft explose. Ce jeu de blocs pixelisés, à l'esthétique rudimentaire, devient une plateforme d'expression inédite. Lucas y voit un terrain idéal pour inventer, improviser, explorer. Là encore, il ne joue pas "comme il faut". Il construit des choses étranges, provoque des bugs, invente des scénarios grotesques. Dans un monde où tout le monde commence à faire des tutos Minecraft, lui fait du burlesque cubique. Et ça marche.

23

Les Let's Play, genre encore jeune en France à ce moment-là, deviennent son laboratoire. Il en reprend le principe – filmer une partie tout en commentant – mais il le tord dans tous les sens. Il rajoute de la fiction, des dialogues, des musiques épiques sur des actions dérisoires. Il crée des "vidéos détente" où le gameplay est presque secondaire. L'important, c'est le ton. Et ce ton, c'est déjà celui d'un entertainer plus que d'un joueur. Le jeu devient un décor. Le vrai spectacle, c'est lui.

Chaque jeu est prétexte à transformation. Dans *Amnesia*, il hurle de peur de manière caricaturale. Dans *Happy Wheels*, il invente des personnages. Dans *Slender*, il surjoue la panique. Lucas ne cherche jamais à être crédible. Il cherche l'effet comique maximum. Et il comprend très vite que pour cela, il doit casser le rythme attendu, surprendre, relancer, décaler. Cette logique d'écriture, il l'applique à chaque vidéo comme un scénariste masqué.

C'est aussi dans cette période qu'il commence à construire son personnage. Squeezie n'est pas seulement Lucas qui joue. C'est une version amplifiée de lui-même : plus bruyante, plus rapide, plus farfelue. Un double numérique qui parle fort, coupe la parole, se fait peur tout seul, insulte un ennemi invisible. Ce personnage est à la fois proche et lointain. Il lui ressemble, mais il est taillé pour l'écran. Et surtout, il permet à Lucas de canaliser son énergie. D'en faire une forme.

Les premiers fans, ceux qui le suivent dès cette époque, ne viennent pas chercher une performance de gamer. Ils viennent chercher un rendez-vous. Une bulle d'humour.

Une dose d'absurde dans leur journée. Ils envoient des messages, demandent la suite, proposent des idées de jeux. Lucas commence à tenir compte de ces retours. Il ne répond pas à tout, mais il lit. Et il adapte. Le lien entre le créateur et sa communauté commence à se tisser. Et il sera durable.

C'est aussi dans cette période que d'autres vidéastes le repèrent. Certains voient en lui un petit phénomène. D'autres se moquent gentiment de sa voix ou de son style survolté. Mais tous notent une chose : il ne ressemble à personne. Il y a des défauts, oui. Mais il y a surtout une patte. Un rythme. Un ton. Quelque chose de neuf. Et dans un YouTube encore très marqué par les codes du podcast ou du sketch, cette nouveauté est rafraîchissante.

Lucas ne le sait pas encore, mais il est en train de poser les bases d'un nouveau genre. Un genre où le jeu n'est plus l'objet central, mais le tremplin. Où la vidéo est un terrain de performance comique. Où l'on vient pour l'ambiance, plus que pour la compétence. Ce genre-là, beaucoup tenteront de l'imiter. Mais peu réussiront à en capter l'énergie initiale. Car cette énergie, chez Squeezie, vient d'un mélange très rare : l'insouciance d'un adolescent et la précision d'un monteur-né.

À la fin de l'année 2011, la chaîne a dépassé les 50 000 abonnés. Un score remarquable pour l'époque. Les vues s'envolent. Les commentaires affluent. Lucas, toujours chez ses parents, continue de publier depuis sa chambre. Il n'a pas changé de décor, mais il a changé de statut. Ce n'est plus juste un gamer qui s'amuse. C'est un créateur qui trouve sa voix. Et ce n'est que le début.

Les débuts d'une communauté fidèle et participative

À la fin de l'année 2011, quelque chose s'est cristallisé autour de la chaîne Squeezie. Ce n'est pas seulement une série de vidéos, ni un simple créateur qui publie régulièrement. C'est une dynamique collective, un lien naissant entre un adolescent et une communauté en formation. Lucas ne parle plus dans le vide. Il parle à quelqu'un. À plusieurs milliers de quelqu'uns, pour être exact. Et ces spectateurs ne se contentent pas de regarder. Ils réagissent. Ils s'adressent à lui. Ils reviennent.

Dans les commentaires, les messages se multiplient. Des vannes, des clins d'œil, des demandes de suite. Des "j'ai explosé de rire", des "fais une deuxième vidéo sur ce jeu", des "ta voix est trop marrante mec". Certains proposent des idées de défis, d'autres demandent le nom des musiques utilisées. Une forme d'échange s'installe. Ce n'est pas encore une communauté au sens structuré du terme. Mais c'est un noyau dur. Un début de tribu.

Lucas, de son côté, entretient ce lien. Il ne répond pas à tout — il ne peut pas — mais il laisse entendre qu'il lit, qu'il voit, qu'il prend en compte. Il remercie, parfois dans les vidéos, parfois en description. Il parle à son public comme à une bande de copains. Sans filtre, sans mise à distance. Il les tutoie, les chambre, les interpelle. Ce ton direct crée une intimité. Les vidéos ne sont pas des performances froides. Ce sont des conversations unilatérales qui donnent envie de répondre.

Il commence aussi à intégrer des suggestions. Un jeu recommandé dans les commentaires ? Il y joue dans la vidéo suivante. Un running gag qui a fait rire ? Il le recycle dans l'intro suivante. Une faute pointée dans un montage ? Il la corrige avec humour. Ce va-et-vient crée un sentiment de co-construction. Les spectateurs ont l'impression de participer à l'aventure. Et ce sentiment est puissant. Il transforme des abonnés passifs en fans actifs.

C'est à cette époque qu'apparaissent les premiers "insiders" : ces blagues récurrentes, ces tics de langage, ces références partagées qui soudent une communauté. Une intonation particulière, un mot inventé, un personnage secondaire deviennent des emblèmes. Les fans les reprennent dans les commentaires, les détournent, les diffusent. Une culture commune émerge. Elle est mouvante, drôle, éphémère, mais elle donne une identité à ce groupe qui n'en est pas encore tout à fait un.

Lucas sent cette force. Il ne l'analyse pas, mais il l'éprouve. Il voit les vues augmenter, les commentaires se densifier, les messages privés affluer. Il comprend que son ton plaît, que sa voix accroche, que son rythme fidélise. Il ne cherche pas à professionnaliser tout cela, mais il commence à s'organiser. Il planifie ses vidéos, réfléchit à l'ordre des jeux, structure ses introductions. L'improvisation reste centrale, mais elle est de plus en plus encadrée par une logique de rendez-vous.

Sur les forums, les réseaux sociaux, dans les cours de récré, le nom de Squeezie circule. "Tu connais ?" "Va voir sa dernière vidéo." "Il a joué à ça, c'est hilarant." Le bouche-à-oreille fonctionne à plein régime. À l'époque, les algorithmes sont encore permissifs, l'organique prime. Et Lucas, avec son style unique, son âge jeune, sa voix reconnaissable entre mille, devient une sorte d'ovni attachant. Il est identifiable. Il ne laisse pas indifférent. On l'aime ou on le critique, mais on le retient.

Ce début de communauté n'est pas qu'un tremplin. Il est aussi une école. Lucas apprend en temps réel ce que veut son public, ce qui fonctionne, ce qui lasse. Il teste, observe, ajuste. C'est une pédagogie empirique, accélérée, mais redoutablement efficace. Il n'a pas de manager, pas de conseiller, pas de cadre. Il a une audience. Et cette audience, en réagissant, en demandant, en riant, le forme autant qu'elle le suit.

Dans ce lien, il y a aussi une tendresse réciproque. Les spectateurs sentent que Lucas ne triche pas. Qu'il ne joue pas un rôle pour plaire. Qu'il improvise, qu'il se plante parfois, qu'il recommence. Cette sincérité, dans un monde numérique souvent saturé de postures, est précieuse. Elle crée une adhésion qui dépasse le simple "j'aime bien". Elle donne envie de rester, de soutenir, de grandir avec lui.

À la fin de 2012, la chaîne de Squeezie a franchi la barre des 100 000 abonnés. Une étape symbolique, mais surtout un tournant. Il n'est plus un amateur qui poste des vidéos. Il est un créateur suivi. Un YouTubeur en voie de professionnalisation. Et derrière lui, une communauté qui ne cesse de croître. Qui le pousse, qui le porte, qui l'attend. La machine est lancée. Et rien, désormais, ne pourra vraiment l'arrêter.

Chapitre 3 – Squeezie devient Squeezie (2013–2014)

Premiers millions de vues : vers une notoriété exponentielle

L'année 2013 marque un basculement. Jusqu'ici, Squeezie était un adolescent passionné, suivi par une communauté fidèle, mais encore cantonné à la niche du gaming humoristique. En quelques mois, tout change. Les chiffres s'envolent, les vues explosent, les abonnés affluent. Il n'est plus seulement "un YouTubeur qui monte". Il devient une figure. Un nom. Une référence. Et derrière cette montée fulgurante, il y a un phénomène : la viralité. Celle qui échappe aux calculs, aux prévisions, et qui transforme une vidéo postée dans une chambre en succès national.

Plusieurs vidéos agissent comme des catalyseurs. Parmi elles, *Les jeux vidéo et la vraie vie* ou encore *Quand j'étais petit et maintenant*, où Lucas commence à mélanger mise en scène, sketchs et montage déjanté. Ces formats hybrides, qui ne se contentent plus de commenter une partie de jeu mais inventent des situations absurdes inspirées du quotidien, parlent à tout le monde. Aux adolescents bien sûr, mais aussi aux jeunes adultes, aux parents curieux, aux médias en quête de nouvelles idoles du web. Le style Squeezie s'ouvre. Il déborde.

La barre du million de vues est franchie pour la première fois. Puis deux. Puis cinq. Le compteur ne cesse de tourner. Chaque nouvelle vidéo est attendue, commentée, détournée. Les extraits circulent sur les forums, les pages Facebook, les Tumblr de l'époque. Lucas devient un phénomène. Et ce phénomène, à ce moment-là, garde encore les traits d'un gamin de 17 ans, en sweat à capuche, filmé de face, dans un décor neutre. Il n'a rien changé. Il est resté le même. Mais le monde autour de lui s'est mis à grossir.

Ce succès, il ne l'a pas anticipé. Il ne l'a même pas vraiment cherché. Il n'a jamais parlé de "percer". Il voulait juste continuer à s'amuser. Mais il comprend vite que ce qui se joue dépasse le simple loisir. Il commence à recevoir des sollicitations. Des interviews. Des partenariats. Des invitations à des événements. Le regard sur lui change. Et avec lui, une question silencieuse s'installe : comment rester soi-même quand ce qu'on fait devient public à grande échelle ?

Lucas ne panique pas. Il garde le cap. Il continue à publier au même rythme, sans céder à la pression. Il protège son intimité. Il ne parle pas de sa vie privée, n'expose pas ses proches, ne cherche pas à monétiser tout ce qu'il fait. Sa chaîne reste un espace de création libre. Il refuse de devenir un produit. Cette intégrité, ressentie instinctivement par son public, renforce encore le lien de confiance. Il n'est pas devenu une star inaccessible. Il est resté Lucas. Juste plus regardé.

Le style de ses vidéos évolue subtilement. Les montages sont plus fluides, plus professionnels. Le son est meilleur.

Les effets mieux calés. Il investit dans du matériel, apprend de nouvelles techniques, peaufine ses scripts. Mais il garde ce qui fait sa force : la spontanéité, la vitesse, l'absurde contrôlé. Ses vidéos sont désormais des mini-spectacles, avec une structure invisible, une écriture masquée sous l'improvisation. Chaque détail est pensé. Et cette rigueur, déguisée en folie, impressionne.

Autour de lui, la scène YouTube française commence à se structurer. De nouveaux talents émergent. Des formats se codifient. Les collaborations se multiplient. Lucas observe, analyse, se positionne. Il ne cherche pas à dominer. Il cherche à durer. Il comprend que le succès ne suffit pas. Il faut le renouveler. Le mériter. Et pour cela, il faut surprendre. Il commence donc à tester des formats nouveaux, à explorer d'autres registres : la parodie, la chanson, la mise en scène.

Les médias "traditionnels" commencent à s'intéresser à lui. On le présente comme "le plus jeune YouTubeur à succès de France". On le compare à Norman, à Cyprien, à Natoo. Il entre dans des classements, des dossiers spéciaux, des plateaux télé. Lui reste à distance. Il n'a pas envie de devenir un "personnage public". Il tient à son anonymat relatif. À sa liberté de ton. Il sent que la célébrité peut dévorer ce qu'il a mis des années à construire : un espace de jeu où il est maître de ses règles.

La notoriété, pourtant, s'impose. Elle ne lui laisse pas le choix. Il est reconnu dans la rue. Interpellé dans les gares, les magasins, les festivals. Les autographes deviennent monnaie courante. Les photos, les dédicaces, les regards insistants. Il apprend à gérer. Il reste poli, souriant, modeste. Mais cette exposition nouvelle l'oblige à repenser son quotidien. À tracer une frontière plus nette entre Lucas et Squeezie. Entre la vie réelle et la vie filmée.

Ce moment de bascule, entre 2013 et 2014, est celui où tout aurait pu déraper. Trop de pression, trop d'attentes, trop de bruit. Mais Lucas tient bon. Il ne perd ni sa joie de créer, ni son humour, ni son humilité. Il devient Squeezie au regard des autres, mais reste Lucas dans l'intimité. Et ce double mouvement, cette capacité à tenir l'équilibre entre expansion publique et ancrage personnel, sera la clef de son succès à long terme.

L'évolution du format : humour absurde et jump cut frénétique

À mesure que son audience grandit, Lucas affine son langage. Ce n'est plus seulement la voix qui fait rire, ni le choix des jeux. C'est une mécanique complète, où chaque composante de la vidéo devient un levier comique. Le rythme, le son, l'image, le montage : tout est passé au crible. Et peu à peu, un style s'impose. Un style unique, reconnaissable entre mille, fondé sur une recette visuelle qui va marquer toute une génération : le **jump cut frénétique**.

Le jump cut, cette coupe rapide entre deux plans d'un même cadre, n'est pas une invention de Squeezie. D'autres l'ont utilisé avant lui, notamment dans le monde anglo-saxon ou chez les pionniers français du podcast. Mais là où beaucoup en faisaient un outil de confort –

pour masquer les hésitations, rythmer un discours –, Lucas en fait un langage. Il ne coupe pas pour fluidifier : il coupe pour accélérer. Pour désorienter. Pour surprendre. Et pour faire rire.

Sa voix se superpose aux images, saute d'un ton à l'autre, rebondit sur des sons ajoutés. Les plans se succèdent sans temps mort. Les zooms sont volontairement excessifs. Les bruitages viennent parasiter la logique. Une musique épique accompagne un moment ridicule. Une respiration est amplifiée. Une phrase est répétée trois fois, coupée au bon moment, relancée par une image qui n'a rien à voir. Rien n'est là par hasard. Chaque effet est pensé pour provoquer une réaction immédiate : le rire ou l'étonnement.

L'**absurde**, chez Squeezie, devient un art. Il ne cherche pas la vanne classique. Il ne commente pas les jeux de façon linéaire. Il invente des personnages à la volée, double les ennemis avec des voix de cartoon, imagine des situations improbables en pleine partie. Un zombie devient une mamie raciste. Un cheval dans Skyrim se met à parler. Un objet de décor devient l'élément central de toute une narration délirante. Le jeu vidéo est détourné comme une matière à sketchs. Et ça fonctionne.

Cette manière d'injecter de la fiction dans le réel du jeu, de tordre les situations pour en faire de petits récits absurdes, séduit une audience jeune, avide de rythme et de surprise. Lucas s'amuse autant que ses spectateurs. Il réagit à ses propres inventions. Il commente ses propres vannes. Il joue à l'intérieur même du commentaire. Cette boucle infinie crée une impression d'immersion. On a l'impression d'être dans sa tête, à vitesse x2.

À cette époque, ses vidéos gagnent aussi en **densité**. Là où d'autres allongent les formats, lui condense. Il privilégie des séquences de 4 à 8 minutes, dans lesquelles il concentre un maximum de gags, de ruptures, de rebondissements. C'est une logique d'impact. Chaque seconde compte. Et cette exigence de rythme, il l'applique sans relâche. Il retravaille, coupe, remonte, jusqu'à ce que la vidéo "claque". Il vise l'efficacité maximale, sans sacrifier la folie.

Le fond, pourtant, reste léger. Squeezie ne prétend pas faire passer de message. Il ne se pose pas en donneur de leçon. Son ambition est simple : divertir. Faire rire. Offrir une pause dans le quotidien. Et c'est justement cette humilité, combinée à une maîtrise technique impressionnante, qui rend ses vidéos si addictives. Elles ne se regardent pas, elles se consomment. Comme des bonbons visuels. Et une fois terminées, on en veut une autre.

Ce style visuel, ce langage propre, Lucas le peaufine jour après jour. Il n'a pas de formation en cinéma, mais il apprend tout en créant. Il observe les retours, analyse les vidéos qui marchent, expérimente sans relâche. Chaque vidéo est un laboratoire. Et plus il avance, plus il comprend les lois invisibles de l'humour numérique : la rupture, la répétition, la saturation, le timing. Il devient un monteur instinctif, un chef d'orchestre caché derrière ses pixels.

Cette évolution ne passe pas inaperçue. Des vidéastes plus installés commencent à remarquer sa précision. Certains l'imitent. D'autres collaborent avec lui. La scène YouTube, encore jeune, est en train de muter, et Lucas en est l'un des artisans les plus inventifs. Sans manifeste, sans discours théorique, il redéfinit ce que peut être une vidéo YouTube : pas un simple contenu, mais un objet d'écriture à part entière. Un espace où la forme compte autant que le fond.

À la fin de 2014, Squeezie n'est plus seulement un phénomène d'audience. Il est un style. Une école. Une grammaire visuelle. Et surtout, un rythme. Celui d'une époque qui va vite, qui zappe, qui scroll, mais qui s'arrête, encore et encore, sur ses vidéos. Parce que là, au moins, on sait qu'on va rire. Et qu'en six minutes, on va vivre plus d'idées que dans une soirée entière de télé.

Le duo avec Cyprien : une nouvelle dynamique créative

C'est en 2013 que la trajectoire de Squeezie croise celle d'un autre pilier de YouTube France : Cyprien Iov. À cette époque, Cyprien est déjà une figure incontournable de la plateforme. Il a plusieurs années d'avance, des millions d'abonnés, une image publique bien installée, et un style très identifiable, entre sketchs scénarisés et vlogs bien léchés. La rencontre entre les deux n'est pas un simple crossover de visibilité. C'est une alchimie. Une connexion immédiate entre deux générations du web, deux voix, deux rythmes. Et cette alliance va tout changer.

Le premier contact se fait en ligne, par échanges de messages. Cyprien a repéré ce jeune YouTubeur survolté, à la voix perchée, qui cartonne avec ses vidéos gaming. Il sent le potentiel, la sincérité, l'énergie. Il l'invite à collaborer. Lucas accepte, évidemment. Il admire Cyprien depuis ses débuts. Mais il ne se laisse pas intimider. Très vite, un équilibre s'installe. L'un apporte l'expérience, la structure, le professionnalisme. L'autre, la spontanéité, la fraîcheur, l'audace. Ensemble, ils vont développer un style hybride.

Leur première collaboration marquante est une vidéo sur *Far Cry 3*, où leurs deux styles se répondent. La mise en scène de Cyprien, plus posée, plus narrative, se mêle au rythme fou de Squeezie. Le montage devient plus cinématographique, les séquences plus longues, les effets plus construits. Et pourtant, rien ne perd en énergie. Ce qui aurait pu être un clash de tonalités devient une complémentarité. Le duo fonctionne parce qu'il ne fusionne pas. Il juxtapose. Il joue des contrastes.

De là naît une série de vidéos à deux, qui rencontrent un succès immédiat. Leur chaîne commune, "Cyprien Gaming", lancée dans la foulée, devient rapidement l'un des plus gros succès de YouTube France. Les concepts sont simples, mais redoutablement efficaces : *Draw Their Life, Fallait pas chercher, C'est pas drôle*. À chaque fois, l'humour repose sur leur dynamique : Cyprien, souvent en position de stoïque, de "grand frère calme", face à Squeezie, plus vif, plus imprévisible, plus borderline. Le classique duo comique, revu à la sauce numérique.

Ce tandem dépasse vite la simple logique de collaboration. Il devient un laboratoire créatif. Ensemble, ils écrivent, tournent, montent, testent de nouveaux formats. Ils sortent du jeu vidéo, vont vers la fiction, la parodie, le sketch pur. Squeezie, grâce à Cyprien, découvre le plaisir d'écrire à deux, de construire des structures plus solides, de peaufiner des idées en profondeur. Et Cyprien, à son contact, retrouve une forme de folie, de légèreté, de vitesse. Chacun y gagne.

Le public, lui, adhère massivement. Les vidéos à deux explosent en vues. Les commentaires saluent la complicité, les vannes croisées, les références partagées. Les fans de l'un découvrent l'autre, et inversement. C'est un cercle vertueux. La notoriété de Squeezie s'envole encore. Mais cette fois, elle ne repose plus seulement sur sa chaîne solo. Elle s'appuie sur un duo. Une marque presque. Car "Cyprien et Squeezie", en 2014, devient une formule magique du web français.

Mais cette association ne dilue pas l'identité de Lucas. Au contraire. Elle l'oblige à se repositionner. À trouver sa place. À affirmer son style dans un cadre partagé. Il apprend à s'effacer, à relancer, à jouer collectif. Ce n'est pas naturel au début. Il a toujours tout fait seul. Mais il comprend vite que le duo est une école d'humilité autant qu'un tremplin créatif. Il devient plus précis, plus réfléchi, sans perdre sa folie.

Cette période, 2013–2014, marque un tournant aussi dans son regard sur YouTube. Il ne s'agit plus seulement de publier pour s'amuser. Il s'agit de construire des formats. De penser une ligne éditoriale. De parler à un public plus large, sans trahir les premiers fans. La présence de Cyprien, plus aguerri, l'aide à professionnaliser son approche. Et en même temps, il reste maître de son univers. Sa chaîne solo continue. Elle explose.

Car ce que Lucas comprend mieux que personne, c'est que le duo n'est pas une fin. C'est un élan. Une impulsion. Il ne cherche pas à devenir "le nouveau Cyprien". Il veut devenir Squeezie, en mieux. En plus fort. En plus libre. Et pour cela, il absorbe tout ce que cette collaboration peut lui apporter, sans jamais renoncer à sa singularité. Il transforme l'influence en tremplin. L'amitié en moteur.

Des années plus tard, leur duo restera l'un des plus marquants de l'histoire de YouTube France. Non seulement pour ce qu'il a produit, mais pour ce qu'il a révélé : la capacité d'un jeune créateur à se hisser au niveau des meilleurs, sans trahir son style. Et à construire, dans ce dialogue à deux voix, les fondations d'un empire personnel. Car derrière la complicité visible, Lucas prépare déjà autre chose. Une nouvelle mue. Un nouveau Squeezie.

Le choc des premières critiques et l'affirmation d'un style

À mesure que sa notoriété grandit, Squeezie attire aussi l'attention de ceux qui ne rient pas. Ce qui faisait sa force – sa voix aiguë, son rythme effréné, son humour décalé – devient aussi ce que certains lui reprochent. Les critiques pleuvent, surtout sur les réseaux sociaux. Trop bruyant, trop immature, trop "ado". Certains le caricaturent, le moquent, le parodient. Il devient une cible facile. Et pour la première fois, Lucas Hauchard découvre l'envers de la popularité : l'exposition, c'est aussi la vulnérabilité.

Ces critiques, parfois virulentes, viennent aussi bien de spectateurs que d'autres créateurs de contenu. On lui reproche son côté "trop grand public", sa facilité, son absence de fond. À une époque où la plateforme commence à valoriser les formats plus "professionnels", plus scénarisés, plus lisses, Squeezie fait tache. Il dérange, avec son énergie débordante, son absence de hiérarchie entre les genres, sa spontanéité brute. Et comme toujours, ce qui sort du cadre est d'abord rejeté.

Lucas encaisse. Il n'aime pas ça, mais il ne répond pas frontalement. Il sait qu'il ne convaincra pas tout le monde, et il refuse de se justifier. À la place, il travaille. Il continue à poster, à affiner son style, à explorer de nouveaux formats. Il lit les critiques, parfois, mais il ne se laisse pas aspirer. Il garde son cap. Il sait ce qu'il veut faire, et pour qui il le fait. Ses fans, eux, sont toujours là. Fidèles, présents, bruyants. Ils contrebalancent les attaques par leur enthousiasme.

Ce moment est décisif. Il aurait pu se replier, ralentir, chercher à plaire aux détracteurs. Mais il fait l'inverse. Il creuse son sillon. Il pousse son style plus loin. Il accélère encore ses vidéos, rend ses montages plus dynamiques, ses voix plus travaillées. Il répond à la critique par l'affirmation. Il comprend que ce qui le rend critiquable, c'est aussi ce qui le rend unique. Et il transforme cette singularité en force assumée. Il ne cherche plus à être universel. Il veut être Squeezie.

Il affine aussi ses formats. Il crée des séries, installe des rendez-vous, donne une cohérence à sa chaîne. Il explore des jeux plus inattendus, des univers plus variés. Il commence à intégrer de la narration, à penser ses vidéos comme des mini-séquences écrites. Son humour devient plus précis, moins chaotique mais toujours aussi vif. Il apprend à canaliser son énergie, à la modeler. Il devient non plus seulement un vidéaste drôle, mais un créateur avec une signature.

Paradoxalement, ces critiques renforcent son identité. Elles lui permettent de se positionner. De dire non, même en silence. De montrer qu'il ne pliera pas. Et dans ce refus de se conformer, il gagne en respect. Même chez ceux qui ne l'aiment pas. Parce qu'il tient bon. Parce qu'il continue. Parce qu'il prouve que le style n'est pas une posture : c'est une fidélité à soi. Cette fidélité, il ne la trahira jamais.

C'est aussi à cette période qu'il prend conscience du poids de son influence. Il commence à recevoir des messages d'abonnés plus jeunes, qui lui disent à quel point ses vidéos les aident à traverser des moments difficiles. Il comprend que, derrière le divertissement, il y a un lien. Un vrai. Et ce lien, il ne veut pas l'abîmer. Il ne joue pas un rôle. Il est lui-même. Et c'est pour ça que ça fonctionne.

La presse commence aussi à s'intéresser à lui, souvent de façon caricaturale. On le décrit comme "le YouTubeur préféré des ados", sans vraiment comprendre ce qui fait son succès. On évoque sa voix "énervante", son humour "potache". Mais peu cherchent à aller plus loin. À comprendre la précision du montage, la richesse des effets, la complexité de l'écriture déguisée en improvisation. Il est trop jeune pour être pris au sérieux. Trop efficace pour être ignoré.

Lucas, pendant ce temps, trace sa route. Il collabore, explore, monte en compétence. Il ne cherche pas à entrer dans une case. Il en invente une. Il assume ses influences, mais il ne copie personne. Il construit un langage à lui, un univers cohérent, peuplé de voix étranges, de zooms comiques, de jeux détournés. Il est à la fois scénariste, monteur, acteur, humoriste. Et tout cela, il le fait seul, dans sa chambre, devant un écran.

Fin 2014, après deux ans de montée continue, Squeezie est installé. Il n'est plus seulement un phénomène. Il est une référence. Un nom qu'on cite, qu'on imite, qu'on critique, mais qu'on ne peut plus ignorer. Il a trouvé sa voie. Et il l'a trouvée en résistant. En tenant tête. En restant fidèle à ce qu'il est. Ce n'est pas le chemin le plus facile. Mais c'est celui qui mène loin.

Chapitre 4 – YouTubeur numéro un (2015–2016)

Changement de statut : les records d'abonnés en France

L'année 2015 commence sous le signe du vertige. Après des mois de progression constante, la chaîne de Squeezie franchit un cap symbolique : elle devient la plus suivie de France. Les chiffres parlent d'eux-mêmes. Plusieurs millions d'abonnés, des dizaines de millions de vues mensuelles, une visibilité que peu de créateurs français ont connue à ce stade de leur carrière. Lucas Hauchard, à peine majeur, devient le premier nom cité lorsqu'on parle de YouTube en France. Il n'est plus un simple vidéaste à succès. Il est en haut.

Ce changement de statut, pourtant, ne bouleverse pas son quotidien. Lucas continue à vivre simplement, à travailler depuis chez lui, à monter ses vidéos lui-même. Mais l'ampleur de ce qu'il représente commence à le rattraper. Les marques s'intéressent à lui. Les médias veulent l'interviewer. Les institutions culturelles tentent de comprendre son pouvoir. Il devient un sujet. Un "phénomène". Et ce mot, il s'en méfie. Il sait combien il est éphémère, combien il peut désincarner le travail qu'il fournit.

Être numéro un n'est pas un objectif qu'il s'était fixé. Mais maintenant que le titre lui revient, il doit apprendre à le porter. Il le fait à sa manière : sans arrogance, sans stratégie de domination. Il n'évoque jamais les "concurrents", ne joue pas au classement. Ce qui l'intéresse, c'est de continuer à créer, à expérimenter, à prendre du plaisir. Il ne veut pas que les chiffres dictent sa manière de faire. Et pourtant, ces chiffres sont là, omniprésents, martelés par tous ceux qui l'entourent.

Ce succès massif s'explique par plusieurs facteurs. Le premier, c'est évidemment la régularité. Squeezie publie plusieurs fois par semaine, sans interruption, avec une constance qui impressionne. Chaque vidéo est un nouveau rendez-vous. Et chaque rendez-vous est tenu. Le second facteur, c'est l'adaptabilité. Lucas sent les tendances avant qu'elles n'explosent. Il ne suit pas les modes, il les devance. Il repère les jeux, les formats, les idées qui vont faire mouche, et les transforme à sa sauce.

Mais ce qui distingue vraiment Squeezie, c'est son rapport au public. Il ne parle pas "à une audience". Il parle à des gens. Il lit les commentaires, il en tient compte, il répond parfois, il adapte son ton, ses intros, ses délires en fonction des retours. Il est dans une boucle permanente d'interaction, d'écoute et d'ajustement. Ce lien, presque organique, crée une fidélité rare. Les spectateurs ne le regardent pas de loin. Ils l'accompagnent.

Avec la notoriété viennent aussi les invitations officielles. Lucas est convié à des salons, des festivals, des émissions. Il apparaît sur les plateaux télé, souvent gêné, parfois mal à l'aise. Il n'aime pas trop ces formats. Il y va par curiosité, par politesse. Mais il sent que ce n'est pas son monde. Il préfère la souplesse de YouTube, la liberté du montage, l'absence de filtre. À la télévision, on le coupe. Sur sa chaîne, il contrôle tout. Et ce contrôle, il y tient.

Être le plus suivi de France signifie aussi être observé de toutes parts. Chaque vidéo est scrutée, commentée, disséquée. Les médias parlent de lui, souvent sans comprendre ce qu'il fait. Les critiques continuent. Mais maintenant, elles font moins mal. Lucas a trouvé sa place. Il sait pourquoi il est là, et il sait ce qu'il veut défendre : un espace créatif libre, accessible, joyeux. Et tant pis si certains trouvent ça "facile". Il sait, lui, le travail que ça demande.

Ce changement de statut se manifeste aussi dans les chiffres invisibles : les courriels, les propositions, les partenariats. Des marques veulent apparaître dans ses vidéos. Des producteurs veulent l'emmener ailleurs. Des maisons d'édition, des studios de cinéma, des agents. Lucas écoute, parfois accepte, souvent décline. Il ne veut pas tout faire. Il ne veut pas tout signer. Il veut comprendre avant de s'engager. Il reste prudent. Il sait que cette visibilité soudaine est une arme à double tranchant.

Dans cette période, il garde un cercle proche. Quelques amis, sa famille, ses collaborateurs de l'ombre. Il ne s'entoure pas d'une armée de communicants. Il n'a pas de "stratégie de marque". Il avance à l'instinct, en s'écoutant. Et cet instinct, jusqu'ici, ne l'a pas trompé. Il l'a porté jusqu'au sommet, sans jamais qu'il ait à renier ce qu'il est. Ce sommet, Lucas ne le voit pas comme une fin. Mais comme une étape. Il veut durer. Il veut construire.

À la fin de 2016, Squeezie n'est plus seulement le premier YouTubeur français en nombre d'abonnés. Il est devenu un modèle. Pour certains, un rêve à imiter. Pour d'autres, une exception. Il reste pourtant ce qu'il a toujours été : un garçon passionné, exigeant, un peu geek, souvent drôle, qui aime plus que tout raconter des choses par l'image et le son. Être numéro un n'a rien changé à cela. Et c'est peut-être pour ça qu'il le reste.

Diversification des formats : sketches, chansons, défis

Devenir le premier YouTubeur de France, c'est aussi prendre conscience de l'attente que chaque vidéo suscite. En 2015, Lucas comprend qu'il ne peut plus se contenter du format initial qui a fait son succès. Le public grandit, se diversifie, et lui aussi évolue. Il veut aller plus loin, proposer autre chose. Le gaming reste au cœur de son activité, mais il commence à ouvrir des brèches. À tester d'autres formes de narration. À s'amuser avec d'autres langages. Cette phase de diversification marque un tournant.

Parmi les premières incursions notables en dehors du jeu vidéo, il y a les **sketches**. Squeezie, qu'on connaît alors pour sa voix-off et son énergie en facecam, commence à apparaître dans de petites fictions. Il crée des personnages, des situations absurdes, des parodies de la vie quotidienne. Le format est court, percutant, toujours monté avec une précision millimétrée. Il ne s'agit pas de devenir comédien, mais de tester le pouvoir du jeu. Et là encore, il excelle. Son sens du timing, sa capacité à incarner des rôles caricaturaux, son instinct du gag visuel font mouche.

Il y a ensuite les **chansons**, qui arrivent comme une surprise pour beaucoup. Pas parce que Lucas sait chanter — il le dit lui-même : ce n'est pas son point fort — mais parce qu'il sait écrire des paroles, capter une ambiance, détourner un style musical pour en faire un objet humoristique. *Freestyle de l'imposteur, Top 1,* ou encore *Coucou c'est moi*marquent les esprits. Ces morceaux ne sont pas de simples "vidéos musicales" : ce sont des créations hybrides, mi-clips, mi-parodies, où chaque ligne est pensée pour faire rire ou sourire.

La musique devient peu à peu une nouvelle corde à son arc. Elle lui permet de raconter autrement, de surprendre, de casser le rythme habituel. Et surtout, elle révèle une autre dimension de son talent : sa capacité à synthétiser des idées complexes en formats très courts, très denses, très référencés. Ses chansons sont autant de condensés culturels, où se croisent des allusions au rap, au cinéma, aux jeux vidéo, à Internet. Il s'y moque de lui-même, de ses fans, des haters, de tout. C'est drôle, mais aussi finement observé.

Autre domaine dans lequel Squeezie s'illustre : les **défis**. Le principe est simple : se fixer une contrainte loufoque, souvent partagée avec un autre créateur, et en faire un moment de pur divertissement. Ces vidéos, très populaires sur YouTube, deviennent entre ses mains de véritables spectacles. Il y intègre du montage narratif, des voix off, des musiques épiques, des effets dignes d'un blockbuster.

Ce n'est plus un simple challenge : c'est un mini-film. Et là encore, il se distingue par son souci du détail.

Ce besoin de diversifier ses contenus n'est pas seulement stratégique. Il est vital. Lucas s'ennuie vite. Il déteste répéter ce qu'il sait déjà faire. Chaque nouveau format est un défi personnel. Peut-il faire rire sans jeu vidéo ? Peut-il écrire un sketch solide ? Une chanson ? Tenir un rôle ? Diriger un tournage ? Monter à partir d'un scénario ? Il ne se repose jamais. Et cette agitation créative, loin de le disperser, le structure. Elle l'oblige à progresser.

À travers cette diversification, Squeezie devient un **auteur complet**. Il ne dépend plus d'un seul format, ni d'un seul ton. Il peut naviguer entre les styles, passer de l'humour potache à la satire fine, du gag visuel à la chanson piquante. Il se construit un éventail de possibilités qui le protège de l'usure. Contrairement à beaucoup de vidéastes qui s'enferment dans un genre, Lucas élargit son terrain de jeu. Et ce terrain, il l'aménage selon ses envies.

Son public suit. Mieux : il le précède parfois. Les fans ne sont pas déroutés par les changements. Ils les attendent. Ils réclament les nouvelles séries, les nouveaux concepts. Ils discutent des formats, suggèrent des idées, relaient les extraits. Ce rapport de confiance permet à Lucas d'oser. Il sait que ses spectateurs lui pardonneront les essais, les ratés, les fulgurances. Il n'est pas prisonnier du succès. Il en fait une rampe d'élan.

Ce que révèle cette période, c'est aussi une évolution plus profonde : Squeezie n'est plus seulement un "gamer marrant". Il devient une **plateforme créative à lui seul**. Il peut tout tenter, tout explorer, tout détourner. Son nom devient une signature. Quand une vidéo sort, on sait que ce sera rythmé, drôle, soigné, surprenant. Peu importe le sujet. Ce n'est plus le contenu qui fait l'attente. C'est l'auteur.

Et cet auteur, Lucas Hauchard, commence à comprendre qu'il peut aller encore plus loin. Plus de formats, plus de liberté, plus de risques. Cette diversification, commencée presque par jeu, devient un principe. Une respiration. Une vision. Ce n'est pas seulement une manière de durer : c'est une manière de se réinventer. Et cette réinvention constante sera, à l'avenir, l'un des secrets de sa longévité.

Vie privée et exposition médiatique : les zones de flou

À partir de 2015, le visage de Squeezie ne se limite plus à YouTube. Il commence à apparaître dans des articles de presse, des interviews radio, des portraits télé. Le monde médiatique "traditionnel", longtemps réticent ou condescendant envers les YouTubeurs, réalise qu'il ne peut plus ignorer le phénomène. Et comme Squeezie est devenu numéro un, c'est sur lui que les projecteurs se braquent. Mais ce nouvel éclairage n'est pas sans effets. Lucas Hauchard, jusque-là maître de sa communication, découvre les règles d'un autre jeu.

La première difficulté, c'est le ton. Dans ses vidéos, Lucas contrôle tout : l'image, le son, le montage, la narration. Dans un plateau télé ou un micro tendu à la volée, il n'a plus cette maîtrise. Et ça se voit. Il apparaît souvent mal à l'aise, sur la réserve, parfois ironique. Pas par snobisme, mais parce qu'il se méfie. Il sent que l'univers médiatique ne parle pas la même langue. Que derrière les questions apparemment légères se cache une tentative d'encadrement, voire de réduction.

Ce que les journalistes cherchent alors, c'est une "histoire". Ils veulent un personnage : "le petit génie du web", "le phénomène Squeezie", "l'ado devenu millionnaire". Lucas, lui, ne joue pas ce jeu. Il refuse les raccourcis, les phrases toutes faites, les récits convenus. Il ne veut pas devenir une mascotte. Il veut rester un créateur libre. Et pour cela, il comprend qu'il doit garder une zone d'ombre. Ne pas tout dire. Ne pas tout montrer. Se préserver.

Sa **vie privée** devient alors un sujet délicat. Les fans posent des questions. Les journalistes aussi. A-t-il une copine ? Où habite-t-il ? Combien gagne-t-il ? Avec qui travaille-t-il ? Lucas esquive. Il donne des bribes, mais jamais tout. Il parle de son chien, parfois de sa mère, rarement de ses relations sentimentales. Non par secret honteux, mais par besoin de stabilité. Ce qu'il montre dans ses vidéos, c'est déjà beaucoup. Le reste, il le garde pour lui.

Cette posture n'est pas sans risques. Certains l'interprètent comme de la froideur. D'autres comme une stratégie marketing. En réalité, c'est un choix éthique. Lucas sait que l'exposition peut tout dévorer. Que trop montrer, c'est perdre le contrôle. Il a vu d'autres vidéastes se brûler les ailes en livrant trop vite leur intimité. Il ne veut pas devenir un personnage de télé-réalité. Il veut que les gens le suivent pour ce qu'il crée, pas pour ce qu'il cache.

Pour autant, il ne vit pas en ermite. Il partage des moments de vie, surtout sur les réseaux sociaux. Il poste des photos, raconte des anecdotes, publie des stories. Mais toujours avec un filtre. Pas celui d'Instagram : celui de la distance. Il choisit ce qu'il montre. Il garde la main. Et ce dosage précis lui permet de durer. De rester visible sans s'épuiser. De garder une part d'inconnu, qui rend chaque apparition plus précieuse.

Cette gestion de l'image touche aussi à son **rapport à la célébrité**. Lucas ne cherche pas la reconnaissance publique. Il ne fréquente pas les soirées parisiennes, n'apparaît pas en une des magazines people. Il fuit les mondanités, les tapis rouges, les feux de la rampe. Non par mépris, mais parce qu'il n'y est pas à l'aise. Ce qu'il aime, c'est créer. Pas représenter. Pas se vendre. Il refuse de devenir une icône figée.

Il sait pourtant que son nom circule, que son visage est reconnu. Dans la rue, on l'aborde. On demande des photos. Il accepte, souvent avec le sourire, mais avec une pointe de gêne. Il n'aime pas être surpris. Il n'aime pas être "repéré". Ce qu'il vit comme une aventure intérieure — créer, monter, publier — devient parfois un spectacle extérieur. Et cette tension, il l'apprend à gérer, jour après jour.

Dans ce contexte, la frontière entre le public et le privé devient floue. Squeezie est devenu un personnage à part entière, mais il est habité par Lucas. Et Lucas doit parfois se retirer pour ne pas être submergé. Il prend des pauses. Il espace certaines publications. Il coupe les réseaux. Il l'explique, sans justification, avec honnêteté. Il montre ainsi que la création ne peut pas être continue, qu'il faut aussi du silence pour pouvoir recommencer.

Cette capacité à poser des limites, à dire non, à se protéger, devient l'un des piliers de sa longévité. À une époque où beaucoup s'épuisent dans la surexposition, Squeezie reste solide. Parce qu'il a su, très tôt, garder pour lui ce qui ne regardait que lui. Cette sagesse précoce, rare chez les jeunes célébrités, témoigne d'une lucidité profonde. Lucas Hauchard a compris que pour durer, il faut savoir s'absenter. Et que parfois, l'essentiel n'est pas ce qu'on montre, mais ce qu'on choisit de taire.

Première stabilisation : tenir la cadence dans la durée

Atteindre le sommet est une chose. Y rester en est une autre. À la fin de 2016, Squeezie a conquis YouTube France. Il est le premier en nombre d'abonnés, l'un des plus vus, le plus commenté, le plus partagé. Mais cette position n'est pas un havre de paix. C'est un équilibre instable, un sommet balayé par les vents. Lucas en est conscient. Et au lieu de s'asseoir sur ses acquis, il entre dans une nouvelle phase de sa carrière : celle de la **stabilisation**.

Stabiliser, pour lui, ne veut pas dire ralentir. Au contraire. Cela signifie apprendre à tenir une **cadence soutenue**, sans se perdre, sans se répéter, sans s'épuiser. Depuis ses débuts, Lucas a toujours publié à un rythme élevé. Mais à cette échelle, avec cette visibilité, chaque vidéo est attendue comme un événement. Il faut être présent sans lasser, renouveler sans trahir. Un exercice d'équilibriste, où la régularité devient une forme de discipline.

Il met alors en place une **organisation plus rigoureuse**, sans perdre la souplesse de son style. Il tourne à l'avance, prévoit des créneaux de montage, structure ses semaines. Il commence à s'entourer : un monteur l'aide sur certaines vidéos, un ami l'accompagne sur la partie technique. Pas une entreprise. Pas une machine. Juste une équipe réduite, de confiance, pour alléger la pression et continuer à tout maîtriser. Car Lucas tient à garder la main. Ce qu'il publie, c'est lui. Rien ne doit lui échapper.

Cette période est aussi marquée par une volonté de **consolider ses formats**. Il ne cherche plus seulement à tester. Il affine ce qui fonctionne. Il creuse les séries à succès, peaufine les concepts. Certaines vidéos deviennent des rendez-vous attendus : les "Try Not To Laugh", les vidéos de réaction à de vieux contenus, les défis à deux. Il installe une grille implicite, qui rassure ses abonnés sans jamais les enfermer. Il crée de l'attente tout en gardant l'effet de surprise.

Mais cette constance ne signifie pas routine. Lucas continue à injecter du neuf. Il change d'intro, explore de nouveaux jeux, propose des défis inédits. Il garde ce qui marche, mais il y ajoute des variations. C'est cette capacité à **renouveler sans rompre** qui fait la différence. Il n'a pas besoin de révolution à chaque vidéo. Il lui suffit d'un détail, d'un angle nouveau, d'un rebondissement inattendu. Il sait doser, calibrer, doser encore. Il est devenu stratège.

Pour autant, il n'oublie pas l'essentiel : **le plaisir**. Lucas l'a souvent dit : s'il n'y prend plus goût, il arrête. Et cette règle, il la tient. Il refuse de tourner en pilote automatique. Il veut continuer à rire en montant, à s'amuser en jouant, à inventer des bêtises en improvisant. C'est ce plaisir, perceptible à chaque seconde, qui nourrit la fidélité de son public. On sent qu'il est là parce qu'il aime ça. Et c'est contagieux.

Cette stabilité lui permet aussi de commencer à penser plus loin. Il ne vit plus vidéo après vidéo. Il commence à envisager des **projets à moyen terme**. Des formats plus longs. Des collaborations nouvelles. Peut-être des contenus hors YouTube. Il ne l'annonce pas, il ne le théorise pas, mais dans l'ombre, il prépare des mues. Il sait que pour durer, il faut anticiper. Et il commence à le faire, discrètement, patiemment.

Dans cette dynamique, la question de l'**épuisement** est constante. Lucas la connaît. Il voit autour de lui d'autres créateurs s'effondrer, disparaître, se reconvertir. Il sent la fatigue quand elle arrive. Il prend des pauses. Il l'explique à son public. Il se ménage. Il a compris que la longévité ne passe pas par la performance continue, mais par l'intelligence du rythme. Par la capacité à freiner, à couper, à se régénérer.

Ce moment de stabilisation, entre 2015 et 2016, est moins spectaculaire que les pics de croissance ou les grandes annonces. Mais il est tout aussi essentiel. C'est dans ces mois-là que Lucas transforme le phénomène en structure, l'élan en constance, la célébrité en métier. Sans changer ce qu'il est. Sans céder aux sirènes de l'industrialisation. Il reste un créateur artisanal, rapide, drôle, libre. Mais désormais, il sait que cette liberté se construit aussi par l'endurance.

À la fin de 2016, Squeezie est à un point d'équilibre. Il a trouvé un rythme. Une équipe. Une méthode. Il est encore jeune, mais il agit déjà avec une forme de sagesse. Il ne court plus après le buzz. Il construit. Solide, précis, inventif. Il n'a pas seulement atteint la première marche. Il a appris à y rester. Et maintenant, il peut penser à la suivante.

Chapitre 5 – La maturité créative (2017–2018)

L'explosion des projets hors gaming

À partir de 2017, quelque chose bascule dans la trajectoire de Squeezie. Il n'est plus seulement le YouTubeur numéro un en France. Il devient un **créateur pluriel**, capable d'occuper plusieurs territoires à la fois. Cette période est celle d'une mue tranquille : sans rupture apparente, sans déclaration d'intention, Lucas commence à sortir du cadre qui l'a vu grandir. Le gaming, qui était jusque-là le cœur de son univers, recule légèrement. Pas au profit d'un autre genre, mais pour laisser place à **un éclatement des formats**.

Ce basculement n'est pas soudain. Il a été préparé. Déjà, dans les années précédentes, Squeezie avait tenté des défis, des chansons, des sketchs. Mais en 2017, il commence à **assumer pleinement cette diversification** comme une direction à part entière. Il n'est plus "le gamer drôle" ou "le jeune à la voix perchée". Il est un narrateur, un expérimentateur, un conteur d'histoires courtes, capable de passer d'un registre à l'autre avec une aisance qui surprend même ses détracteurs.

Parmi les premières marques de ce tournant, on trouve des vidéos-concepts de plus en plus **complexes et**

scénarisées. Il ne s'agit plus seulement de commenter un jeu ou de réagir à une vidéo virale. Il invente des formats comme "Qui est l'imposteur ?", "On résout des enquêtes", "Devine le vrai son", qui fonctionnent comme de petits jeux de société filmés. Ces vidéos, très dynamiques, reposent sur des règles inventées, des montages serrés, et un sens aigu du tempo collectif. Ce ne sont plus des vidéos de joueur. Ce sont des **émissions miniatures**.

Lucas comprend qu'il peut **transposer les codes du divertissement télé** sur YouTube, mais à sa manière. Il en garde la lisibilité, le rythme, le plaisir de groupe, mais il élimine les longueurs, les formats figés, les contraintes de production. Il fait tout plus vite, plus court, plus direct. Il monte sans pitié, coupe tout ce qui dépasse. Et le résultat, ce sont des vidéos qui flirtent avec les dix millions de vues, sans avoir recours au moindre gameplay. La preuve que son pouvoir d'attraction dépasse le jeu vidéo.

Cette explosion des formats coïncide aussi avec une plus grande maîtrise technique. Lucas est entouré, désormais. Il a une équipe réduite, mais solide. Un monteur, un chef op, quelques techniciens. Mais il garde la main sur l'ensemble. Il écrit, il cadre, il dirige. Il veut que chaque vidéo lui ressemble. Ce professionnalisme discret donne à ses contenus une qualité visuelle et sonore nouvelle. Les plans sont plus nets, les lumières mieux pensées, le son plus propre. On sent la montée en gamme.

Ce qui frappe, dans cette période, c'est aussi son **audace narrative**. Certaines vidéos deviennent de véritables sketchs construits, avec une dramaturgie, des personnages, des rebondissements. Il joue de plus en plus avec la fiction, même dans des formats hybrides. Il brouille les frontières entre vrai et faux, entre réaction et mise en scène. Et cette ambiguïté devient une arme comique redoutable. Ses vidéos deviennent des objets à part, où l'on ne sait jamais si c'est du second degré… ou du douzième.

Il profite aussi de cette liberté pour **jouer sur l'image qu'on a de lui**. Il sait qu'il traîne encore l'étiquette du "YouTubeur ado" — celle d'un garçon qui crie en jouant à Minecraft. Il s'en amuse. Il crée des vidéos où il parodie sa propre voix, ses tics, ses anciennes intros. Il désamorce la critique en la devançant. Cette capacité à se moquer de lui-même, sans cynisme, séduit un public plus large. Il devient fréquentable pour les trentenaires, respectable pour les journalistes, et toujours aussi hilarant pour les plus jeunes.

Les chiffres le confirment. Les vidéos hors gaming ne font pas que marcher : elles explosent. Parfois, elles font mieux que les vidéos de jeu. Ce n'est pas une trahison de ses origines. C'est une expansion. Lucas ne renie rien. Il garde des formats gaming, mais il les espace. Il les intègre dans un tout plus vaste, plus varié. Et ce tout commence à ressembler à un écosystème. Un univers où chaque vidéo est une pièce différente, mais où tout forme une seule et même voix.

Ce moment-là, 2017–2018, marque l'arrivée à **une forme de maturité créative**. Lucas ne cherche plus à prouver qu'il peut réussir. Il sait qu'il a réussi. Ce qu'il veut désormais, c'est créer avec exigence. Avec plaisir. Il n'a plus besoin de suivre l'algorithme. Il l'a apprivoisé. Il peut se permettre de tester, de ralentir, de revenir, de varier. Il a gagné sa liberté. Et cette liberté, il va l'exploiter jusqu'au bout.

Car au fond, cette sortie du cadre du gaming n'est pas un détour. C'est un prolongement. Une nouvelle étape dans le même chemin : celui d'un adolescent qui, depuis sa chambre, bidouillait des voix trafiquées et des montages délirants. Ce n'était pas du jeu vidéo, à l'époque. C'était déjà de la création. En 2018, ce n'est plus un jeu de passionné. C'est un métier d'auteur. Et Lucas Hauchard, alias Squeezie, est en train d'en redessiner les contours.

De nouvelles influences : cinéma, narration, et mise en scène

À mesure que son univers s'élargit, Lucas Hauchard commence à puiser dans d'autres sources que le jeu vidéo ou la culture Internet. Sans en faire un discours, sans jamais le théoriser, il laisse apparaître dans ses vidéos une série d'influences nouvelles. Parmi elles : le cinéma, la narration sérielle, la grammaire du court-métrage. Ce que Squeezie explore en 2017 et 2018 n'est plus simplement une diversification de formats ; c'est un tournant esthétique. Il ne veut plus seulement divertir. Il veut **raconter**.

Cette volonté narrative, d'abord diffuse, se manifeste dans le soin qu'il accorde aux introductions, aux structures, aux enchaînements. Là où d'autres se contentent de commencer une vidéo par une phrase accrocheuse ou une coupe rapide, Lucas commence à **poser des atmosphères**.

Il ralentit. Il installe un contexte. Il multiplie les fausses pistes, les voix-off mystérieuses, les amorces de fiction. Même dans une vidéo humoristique, il y a désormais un fil, un motif, une tension.

Ce goût pour le récit court, on le retrouve aussi dans son usage de la **mise en scène**. Squeezie n'est plus seulement un YouTubeur face caméra. Il devient acteur, réalisateur, parfois les deux à la fois. Il joue des personnages, modifie ses décors, choisit ses costumes. Certaines vidéos sont tournées comme des sketchs, d'autres comme des parodies de films, d'autres encore comme de véritables mini-épisodes. Il pense désormais en séquences. Et derrière la caméra, il y a un œil.

Ce changement s'accompagne d'une montée en compétence technique. Lucas travaille avec un **chef opérateur**, découvre les règles du cadre, de la lumière, du son direct. Il n'est plus seul dans sa chambre, mais il reste le chef d'orchestre. Il apprend vite, observe, teste. Chaque nouvelle vidéo devient un exercice de style. Il veut que ce soit fluide, rythmé, mais aussi beau. Il se rapproche doucement des standards du court-métrage professionnel, sans jamais perdre son ton.

Parmi les formats qui témoignent le plus de cette évolution, il y a les vidéos type **"Court-métrage YouTube"**, comme *La Dernière Vidéo*, *Je deviens professeur remplaçant*, ou encore *Les pires publicités* qu'il détourne avec une structure scénarisée. Ce ne sont plus des vidéos à sketch. Ce sont des fictions à part entière, compressées dans un format court, avec des enjeux, des personnages, un final. Lucas y montre un sens du montage dramatique inattendu, au service de l'humour bien sûr, mais avec une maîtrise nouvelle.

Ce virage esthétique n'est pas un caprice. Il reflète une envie plus profonde : **être libre dans les formes**, et ne plus dépendre d'un genre. Lucas sent qu'il a atteint les limites du facecam monté à toute vitesse. Il pourrait continuer, faire ce qu'il sait faire par automatisme. Mais il préfère s'exposer à l'erreur, au risque, à la nouveauté. Cette audace est rare sur YouTube, où beaucoup capitalisent sur un format fixe. Squeezie, lui, **remet tout en jeu** à chaque fois.

Il puise aussi dans une **culture cinématographique personnelle**, nourrie de films de genre, de classiques, de comédies absurdes. Il ne le revendique pas en interview. Il ne fait pas le cinéphile. Mais on devine ses références : le sens du cadre à la Edgar Wright, les ruptures de ton façon Tarantino, la parodie douce à la Ben Stiller, l'ironie visuelle à la Gondry. Ce n'est pas du mimétisme. C'est une digestion. Il reprend ces éléments, les tord, les accélère, les transforme.

Dans ses vidéos les plus récentes, même les vidéos de groupe, il intègre des éléments visuels plus travaillés : des ralentis comiques, des effets de montage complexes, des décors thématiques. Il s'autorise le kitsch, le pastiche, l'inventivité visuelle. Et tout cela sert toujours la même finalité : raconter mieux, surprendre plus, tenir l'attention. Il ne s'agit pas de "faire du cinéma sur YouTube", mais d'**injecter du cinéma dans YouTube**, au service d'un ton très personnel.

Cette évolution est saluée par son public. Non seulement les vidéos marchent, mais elles élargissent sa base. Des spectateurs qui ne s'intéressaient pas à ses débuts gaming découvrent un créateur visuel, un conteur d'histoires, un artisan de la forme courte. Lucas ne l'a jamais dit explicitement, mais il a changé de statut : il n'est plus seulement un vidéaste YouTube. Il est devenu un **auteur de formats courts**. Avec un univers, un rythme, un regard.

Et ce regard, en 2018, commence à se tourner vers de nouveaux horizons. Plus ambitieux, plus risqués, plus narratifs. Il ne renonce pas au rire, ni à l'absurde. Mais il cherche des terrains plus larges. Des espaces où son imaginaire puisse s'exprimer sans contrainte. La scène, la fiction longue, la musique… tout devient possible. Parce qu'il a trouvé une chose rare : une voix personnelle, capable de traverser les genres sans jamais se perdre.

La complicité avec les invités : vers des formats collectifs

À mesure que ses vidéos prennent de l'ampleur, Lucas Hauchard cesse d'être seul face caméra. Il commence à inviter d'autres créateurs, à tourner à plusieurs, à organiser ses contenus autour d'une **dynamique de groupe**. Ce n'est pas une rupture, mais une inflexion. Dès ses débuts, il avait collaboré avec Cyprien, joué avec ses amis, partagé quelques défis. Mais entre 2017 et 2018, cette logique s'installe comme un axe structurant. Squeezie ne fait plus seulement des vidéos de Squeezie. Il crée des formats collectifs.

Cette ouverture change la tonalité de ses vidéos. Le rire ne vient plus seulement du montage ou des effets de voix, mais des interactions, des échanges, des improvisations à plusieurs. Lucas s'efface parfois. Il laisse de la place. Il relance, écoute, cadre la scène sans toujours en être le centre. Cette **capacité à jouer collectif**, rare dans un univers souvent fondé sur l'égo, donne à ses vidéos une énergie nouvelle. Ce ne sont plus seulement des créations, ce sont des jeux à plusieurs.

Parmi les invités récurrents, on retrouve une petite troupe qui va devenir emblématique : Maxence, LeBouseuh, Joyca, Seb, Mcfly et Carlito, Natoo… Tous n'ont pas le même style, ni la même ancienneté, mais tous trouvent leur place dans l'univers de Squeezie. Il ne les invite pas pour faire du name dropping. Il les choisit parce qu'ils comprennent le rythme, l'humour, l'esprit du format. Et cette **alchimie humaine**, construite au fil des vidéos, devient un atout narratif en soi.

Ces vidéos collectives ne sont pas improvisées. Elles sont pensées, scénarisées parfois, préparées toujours. Lucas imagine les mécaniques de jeu, prévoit les rebondissements, anticipe les gags. Mais il laisse aussi la liberté d'improviser. Ce mélange de structure et de spontanéité donne des vidéos vivantes, rythmées, jamais figées. On sent la complicité réelle entre les participants. On sent surtout que **le plaisir est partagé**, de chaque côté de l'écran.

Le format "Qui est l'imposteur ?" cristallise cette dynamique. Inspiré du jeu "Among Us" et des concepts d'enquête participative, il repose entièrement sur l'interaction entre les invités. Chaque participant joue un rôle, ment ou dit la vérité, improvise des réponses. Et Lucas, au centre, orchestre le tout avec une finesse de maître de jeu. Le succès est immédiat. Ce n'est pas seulement une vidéo YouTube : c'est une **émission déguisée**, à mi-chemin entre le jeu télévisé et le théâtre d'impro.

D'autres formats suivent : "Devine le vrai son", "On résout des enquêtes", "Tu ris, tu perds". À chaque fois, le principe est simple, mais l'exécution est précise. Lucas sait que l'essentiel n'est pas la règle, mais l'ambiance. Il choisit des invités qui savent jouer, rire, relancer. Il crée une atmosphère détendue, où chacun peut briller sans écraser les autres. Et dans ce climat, l'humour se déploie naturellement. On ne rit pas seulement du jeu : on rit de **ce qui se passe entre les gens**.

Cette dynamique collective permet aussi d'attirer un public plus large. Chaque invité vient avec sa communauté, qui découvre le style Squeezie par effet de capillarité. Mais au-delà du simple partage d'audience, c'est un **nouveau rapport au spectateur** qui se construit. On regarde ces vidéos comme on regarderait une bande de potes en train de déconner. L'identification est immédiate. Le plaisir est communicatif. Ce n'est plus du contenu. C'est un moment.

Pour Lucas, cette transition vers le collectif est aussi un soulagement. Être seul à porter une chaîne, une pression, un rythme, c'est épuisant. Travailler à plusieurs, c'est partager l'énergie, la charge mentale, l'inspiration. C'est se nourrir des idées des autres. Et surtout, c'est **relancer**

la machine créative. Chaque tournage devient une scène ouverte, un espace d'invention. Et ça se sent. Les vidéos ne s'usent pas. Elles respirent.

Cela ne signifie pas qu'il abandonne le solo. Il continue à publier seul, à écrire seul, à monter parfois lui-même. Mais il a compris que la collaboration n'est pas un compromis. C'est une richesse. Une façon d'ouvrir son univers sans le trahir. De prolonger son style à travers d'autres voix, d'autres visages, d'autres façons de rire. Et cette ouverture va devenir, dans les années suivantes, un marqueur fort de son identité de créateur.

En 2018, Squeezie est encore le visage principal de sa chaîne. Mais il n'est plus seul. Il est devenu le **chef d'un collectif mouvant**, d'un écosystème de talents qui partagent ses codes, ses valeurs, son sens du rythme. Ce n'est plus une chaîne individuelle. C'est une scène. Et Squeezie, sans en avoir l'air, en est devenu le metteur en scène.

Chiffres, sponsors, gestion : le début d'un empire

En 2018, Squeezie n'est plus seulement le YouTubeur préféré des jeunes. Il est devenu une **machine à vues**, un acteur économique majeur de l'écosystème digital français. Ses vidéos dépassent systématiquement les millions de vues, certaines atteignent les dix, voire les vingt millions. À ce stade, les chiffres ne sont plus un indicateur de popularité. Ils sont un **pouvoir**. Et ce pouvoir, Lucas commence à en prendre la mesure.

Les entreprises, les marques, les institutions le savent : une vidéo de Squeezie peut faire exploser un produit, une tendance, un message. Et l'inverse aussi. Son influence dépasse le cadre du divertissement. Elle s'étend à la consommation, à la culture, aux usages numériques. Il devient un levier marketing, un canal de diffusion autonome, plus efficace qu'un spot télé en prime time. Mais là où beaucoup se précipitent pour monétiser chaque minute, Lucas **freine**.

Depuis ses débuts, il a toujours été prudent avec la publicité. Pas de placement de produit mal intégré, pas de discours commercial déguisé. Lorsqu'il accepte un partenariat, il le fait avec **transparence**, souvent avec humour. Il le signale clairement, le détourne parfois, l'intègre à son univers avec finesse. Il comprend que sa crédibilité repose sur une condition : ne jamais trahir la confiance de son public. Et jusqu'ici, il ne l'a jamais fait.

Cette exigence, il la transpose aussi dans sa manière de gérer son activité. En 2018, Squeezie, c'est une **structure professionnelle**. Pas une multinationale, mais une petite entreprise agile, bien tenue. Lucas a monté sa société, recruté une équipe réduite mais efficace. Il travaille avec un avocat, un comptable, un gestionnaire de projets. Il ne délègue pas tout, mais il s'organise. Il sait que la créativité a besoin de stabilité.

Il gère aussi son image avec rigueur. Pas de dérapages, pas de scandales. Pas parce qu'il se censure, mais parce qu'il a une **ligne claire** : être drôle sans être blessant, être accessible sans être opportuniste, être libre sans être provocateur. Ce positionnement lui permet d'éviter les pièges médiatiques. Il ne polarise pas. Il rassemble. Il incarne une forme de neutralité bienveillante, qui séduit les marques… mais sans jamais les laisser dicter le contenu.

Cette montée en puissance économique ne change pas radicalement ses vidéos. Il ne passe pas à des formats ultra-produits, ni à des contenus sponsorisés en chaîne. Mais on sent qu'il **maîtrise les codes du business**. Il sait lire un contrat, négocier un budget, planifier une stratégie. Il commence même à conseiller d'autres créateurs. Dans l'ombre, il devient un interlocuteur respecté. Pas seulement pour ses vues, mais pour sa vision.

Il sait aussi investir dans les bons projets. Quand il lance sa marque de vêtements, Yoko, il ne la présente pas comme une simple ligne dérivée. Il veut proposer de la qualité, du design, du sens. Il collabore avec des créateurs, des stylistes, prend son temps. La marque devient un prolongement de son univers, pas une annexe commerciale. Là encore, il refuse la facilité. Il construit lentement, mais solidement.

Ce souci de **pérennité**, on le retrouve dans toutes ses décisions. Il ne multiplie pas les apparitions. Il ne se disperse pas. Il reste focalisé sur sa chaîne, tout en pensant l'après. Il sait que le succès est instable, que les modes changent, que YouTube peut évoluer. Il prépare le futur, sans bruit. Il teste des formats hors plateforme, pense à la scène, à la fiction longue, à la musique. Il pose des jalons. Il trace une route.

En 2018, Squeezie est plus qu'un créateur. Il est une **marque personnelle**. Mais une marque qui n'a rien d'industriel. Une marque fondée sur une voix, un rythme, une sincérité. Ce mélange rare, entre liberté de ton et solidité de gestion, fait de lui une exception. Là où d'autres explosent et s'éteignent, il se construit. Lentement, méthodiquement, en restant fidèle à ce qu'il est.

Et c'est cette fidélité-là, au fond, qui fait de lui un modèle. Il ne court pas après la monétisation. Il ne cherche pas la perfection. Il cherche à durer, à évoluer, à rester libre. En 2018, il n'a pas tout dit, pas tout montré, pas tout tenté. Mais il a bâti les fondations d'un **véritable empire créatif**. Et ce n'est que le début.

Chapitre 6 – L'année charnière (2019)

Le défi musical : lancement du projet Freestyles

L'année 2019 commence comme une promesse. Squeezie est au sommet de YouTube France, son audience est fidèle, ses formats sont rodés, ses projets s'enchaînent sans perte de vitesse. Mais Lucas Hauchard sent poindre une **envie nouvelle**. Il ne s'agit pas de rompre avec ce qu'il a construit, ni de changer d'univers. Il s'agit d'oser une forme qui, jusque-là, n'avait jamais été centrale dans son parcours : la **musique**. Pas les parodies. Pas les jingles. De la musique, pour de vrai. Avec du fond, une identité, une forme de sérieux maquillé en légèreté.

Le 15 mars 2019, il publie sur sa chaîne un clip intitulé *Freestyle de potes #1*. Ce n'est pas un simple bonus. C'est un **projet pensé, écrit, tourné comme une carte de visite**. Lucas y rappe aux côtés de Joyca et Maskey, deux proches à la fois musiciens, vidéastes, arrangeurs. Les punchlines sont absurdes, les références décalées, mais la réalisation est impeccable. Les rimes claquent, la prod est lourde, le montage est digne d'un clip pro. Ce qui frappe, ce n'est pas la blague. C'est la **qualité technique**, et surtout, la sincérité du geste.

Dès les premières secondes, le public comprend : ce n'est pas un one shot. C'est un **nouveau terrain d'expression**.

Le titre de la vidéo annonce une série. Et la série arrive. *Freestyle de potes #2*, puis *#3*, puis *Freestyle du Turfu*. À chaque épisode, Lucas s'entoure d'amis artistes ou vidéastes : Bigflo et Oli, Mcfly et Carlito, Sofian, Kévin Tran… Le casting varie, mais la démarche reste la même : un **exercice de style collectif**, où chacun vient poser ses lignes sur une prod taillée sur mesure.

Dans ce format, Lucas joue un rôle particulier. Il n'est pas seulement un interprète. Il est **le moteur du projet**, celui qui initie, coordonne, propose les idées, choisit les thèmes, supervise les clips. Il écrit ses couplets avec sérieux, les travaille avec Joyca, les enregistre comme un vrai morceau. Il ne cherche pas à faire du "rap YouTube". Il veut faire du bon rap, à sa manière. Et ce respect pour la forme lui vaut d'être pris au sérieux, même par les artistes issus du milieu.

Le style de ses textes mélange autodérision, observations fines, références pop et punchlines loufoques. Il ne joue pas les caïds, ne se donne pas un personnage. Il reste lui-même, mais dans un autre registre. Et cette **sincérité tranquille**, ce refus du rôle, séduit. Il ne cherche pas à impressionner. Il cherche à s'amuser en étant exigeant. Et cette formule — légèreté + rigueur — fonctionne à nouveau. Les vues s'envolent. Les fans adorent. Et la scène rap commence à prêter attention.

Derrière ces vidéos, il y a aussi une autre envie, plus profonde : **se renouveler**. Lucas sait qu'il ne peut pas faire le même contenu toute sa vie. Il veut continuer à raconter, mais autrement. La musique, pour lui, n'est pas un à-côté. C'est un terrain vierge. Il y retrouve le plaisir du montage, du rythme, du travail sur le son. Il peut y injecter ses obsessions de tempo, de rupture, de contrepoint. Et il découvre une nouvelle forme d'écriture.

Le format des Freestyles est aussi un **prétexte à collaboration**. Il lui permet de tisser des liens, de partager l'espace créatif, de confronter son style à d'autres univers. Chaque tournage est une fête, chaque morceau un défi. Et chaque clip, une démonstration de force discrète : Squeezie n'est pas un rappeur, mais il peut devenir n'importe quoi s'il s'en donne les moyens. C'est là que se niche son pouvoir : dans sa **capacité à apprendre vite, à bien s'entourer, à viser juste**.

Les Freestyles montrent aussi une chose essentielle : Lucas n'a pas peur du **jugement**. Il sait que la musique, surtout en France, est un terrain sensible, où la moquerie guette. Mais il y va quand même. Il sait que certains le trouvent "lisse", "grand public", "trop YouTube". Il n'essaie pas de leur plaire. Il cherche la justesse dans ce qu'il fait. Et peu à peu, même les sceptiques commencent à admettre que "Squeezie, en vrai, il assure".

Ce tournant musical, amorcé presque en jeu, va bientôt ouvrir d'autres portes. Il annonce déjà les grands projets à venir, les clips ambitieux, les titres solo, l'album. Mais en 2019, ce qui compte, c'est l'**élan**. Lucas a trouvé une nouvelle voix, au sens propre. Et il la fait entendre. Ce n'est pas une parenthèse. C'est un départ.

Et dans ce départ, il y a une nouvelle promesse : celle d'un créateur qui ne cessera jamais de se transformer.

Parce que c'est là, dans le mouvement, que réside sa fidélité à lui-même.

Les clips évènementiels : vers une ambition visuelle assumée

Après les premiers Freestyles, une évidence s'impose : Squeezie n'est pas seulement en train de rapper, il est en train de bâtir **un univers visuel** autour de la musique. Loin de se contenter de clips fonctionnels ou de plans posés sur fond neutre, il transforme chaque morceau en **expérience de cinéma miniature**. En 2019, il entre dans une phase nouvelle de sa carrière : celle où chaque projet devient un **événement visuel**, préparé, scénarisé, calibré comme un court-métrage. Et cette ambition, loin de l'éloigner de son public, le rapproche encore davantage.

La sortie du clip *Freestyle du Turfu*, en juillet 2019, est un jalon important. Le morceau est collectif, léger, volontairement absurde. Mais le clip, lui, est **ultra-produit**. Costumes de science-fiction, décors futuristes, montage nerveux, effets spéciaux : tout y est. Squeezie et ses invités y incarnent des clones numériques venus du futur pour poser leurs couplets. L'esthétique est léchée, la réalisation impeccable. Ce n'est plus un clip YouTube. C'est une **fiction musicale**, pensée comme un objet hybride entre la musique et le cinéma.

Ce choix de la **mise en scène forte** devient une marque de fabrique. Chaque nouveau clip est une proposition esthétique. Avec *Bye Bye* (produit avec Joyca), il adopte un style urbain onirique, presque mélancolique. Avec *Le gaming c'est fini,* il joue sur la rupture narrative et la double lecture : le clip semble annoncer la fin d'une époque, mais cache un clin d'œil au contraire. Chaque clip a son décor, sa grammaire, sa lumière. Il n'y a pas de recyclage. Il y a une volonté de **recommencer à chaque fois de zéro**.

Cette ambition visuelle est rendue possible par plusieurs facteurs. D'abord, Lucas s'est entouré d'une **équipe de réalisateurs professionnels** : Julien Josselin, Théodore Bonnet, Florent Hauchard… Des noms qui partagent son goût du rythme, de l'image forte, de la narration concise. Ensuite, il a investi. Les budgets ont augmenté. Les tournages sont plus longs, les équipes plus nombreuses. Mais ce n'est pas une fuite vers la démesure. C'est une montée en qualité, maîtrisée, cohérente, fidèle à sa ligne.

Ce qui impressionne, dans ces clips, c'est leur **capacité à ne jamais sacrifier le fond à la forme**. Même lorsque les plans sont stylisés, les effets soignés, les ambiances complexes, il reste toujours une place pour l'humour, pour la surprise, pour le ton Squeezie. Il n'y a pas de posture. Pas de clinquant vide. Chaque image est là pour servir le propos, renforcer une punchline, illustrer une idée. Et cette fidélité à l'esprit d'origine rend ces clips puissants. On ne les regarde pas pour dire "c'est bien fait". On les regarde pour ce qu'ils racontent.

Lucas a compris très tôt que sur YouTube, la **musique doit être incarnée**. Qu'elle ne peut pas se contenter d'être écoutée. Elle doit se voir, se ressentir, s'inscrire dans une narration. En soignant ses clips, il ne cherche pas seulement à impressionner. Il veut **prolonger le message**, lui donner une forme complète. C'est une manière de dire au spectateur : "je vous respecte assez pour ne pas faire à moitié". Et ce respect, le public le lui rend.

Chaque nouveau clip devient donc un **événement en soi**. Il est annoncé, teasé, attendu. Il ne s'intègre pas simplement dans la routine de la chaîne. Il rompt le rythme. Il ouvre une parenthèse. Et cette parenthèse n'est jamais gratuite. Elle raconte toujours une évolution, un glissement, une nouvelle tentative. Les fans sentent que chaque vidéo est le fruit d'un travail intense, d'une envie réelle. Et cela crée une attente plus profonde qu'un simple "drop".

Cette ambition visuelle modifie aussi **l'image publique de Squeezie**. Il n'est plus seulement un entertainer digital. Il devient un artiste visuel à part entière. La presse commence à changer de ton. Les médias culturels s'intéressent à ses clips, à leurs codes, à leur esthétique. Des festivals les diffusent. Des professionnels du clip saluent son sens de la narration courte. Sans tapage, sans campagne de com, Lucas a imposé son **nom dans le paysage musical et visuel français**.

Et pourtant, il garde sa ligne : **ne jamais se prendre au sérieux**. Même quand il investit des dizaines de milliers d'euros, même quand il tourne avec drone, maquillage FX et figurants, il garde ce ton de potes qui s'amusent. Il regarde la caméra, lance une vanne, glisse une référence absurde. Il ne fait jamais semblant d'être ce qu'il n'est pas. Il joue avec les codes, mais ne s'y enferme pas. Il reste dans le second degré, tout en atteignant le niveau des meilleurs.

À la fin de 2019, les clips de Squeezie ne sont plus des "bonus". Ils sont au centre du projet. Ils forment une série parallèle, un fil rouge qui structure son année. Et dans chacun d'eux, on sent une promesse : celle que ce créateur, autrefois perçu comme un simple gamer rigolo, est devenu un **auteur visuel complet**, capable de mêler musique, humour, fiction, mise en scène, et émotion. Il n'a pas changé de nature. Il a élargi son territoire.

Une relation d'auteur à sa communauté

Derrière les clips, les formats, les performances techniques, il reste un fil discret mais constant : le **lien avec la communauté**. Depuis ses débuts, Lucas Hauchard ne parle pas à une foule abstraite. Il parle à des gens. Et plus les années passent, plus ce lien se transforme. Il ne s'agit plus seulement d'un rapport de créateur à fan, ou de YouTubeur à abonné. Ce qui s'installe, autour de 2019, c'est une **relation d'auteur**, fondée sur la confiance, la durée, l'évolution partagée.

Cette relation s'est construite sans stratégie. Lucas n'a jamais brandi le slogan "famille" comme certains influenceurs. Il n'a pas créé de clan, pas poussé au communautarisme. Il a toujours gardé une certaine distance, une forme de pudeur. Mais cette pudeur même a généré un attachement particulier. Il n'en fait pas trop. Il n'en fait jamais trop. Et c'est peut-être pour cela que **ce qu'il donne semble toujours vrai**.

En 2019, ce lien atteint un nouveau degré. Les abonnés qui le suivent depuis 2013 ont grandi avec lui. Certains ont commencé au collège, ils sont maintenant à la fac ou dans la vie active. Eux aussi ont changé, mûri, varié. Et pourtant, ils sont toujours là. Parce qu'à chaque étape, Squeezie a su **grandir sans trahir**. Il n'a jamais figé son contenu, ni calé ses vidéos sur des algorithmes opportunistes. Il a évolué à son rythme, et son public a suivi.

Cette fidélité est nourrie par une autre qualité rare : l'**écoute**. Lucas lit les commentaires. Pas tous, pas tout le temps, mais il les lit. Il tient compte des retours. Il repère les signaux faibles. Il sent quand un format s'essouffle, quand un style sature. Il n'obéit pas aveuglément, mais il prend en compte. Cette boucle de feedback non verbal, cette intuition partagée, donne à ses vidéos une **résonance communautaire** profonde. Elles ne tombent jamais à côté.

Cette proximité s'exprime aussi dans les moments de doute. Quand il se remet en question, il le dit. Quand il prend une pause, il l'explique. Pas dans un grand monologue dramatique, mais avec honnêteté. Il parle à ses abonnés comme à des gens intelligents, capables de comprendre que tout ne peut pas être constant. Il ne joue pas la victime. Il ne réclame pas de compassion. Il **partage ce qu'il traverse** avec justesse. Et cette transparence renforce encore la solidité du lien.

Ce rapport d'auteur à communauté se traduit aussi dans le ton des vidéos. Lucas ne s'adresse pas à un public de passage. Il parle à des gens qui connaissent ses codes, ses blagues, son rythme. Il peut faire une vanne sur un détail de 2015, et ça passe. Il peut commencer une vidéo sans introduction, ou en reprenant une expression déjà vue, et le spectateur suit. Il y a une **culture commune**, une mémoire partagée, un langage propre.

Il entretient aussi cette relation par sa présence ailleurs que sur YouTube. Sur Instagram, sur Twitter, dans ses stories, dans des streams ponctuels, il donne des nouvelles, poste des coulisses, partage des instants de vie. Toujours avec le même dosage : un peu, mais pas trop. Jamais d'excès, jamais d'exposition gratuite. Il reste lisible, accessible, mais sans devenir envahissant. Et cette **maîtrise de la distance** est l'un de ses grands atouts.

En 2019, la relation avec sa communauté devient **une force active**. Ce n'est pas seulement un appui. C'est une boussole. Il sait pour qui il crée. Il sait ce qu'il représente. Et cette conscience ne le paralyse pas. Elle le guide. Il ne cherche pas à plaire à tout le monde. Il cherche à rester juste, fidèle, pertinent. Et il sait que son public préférera toujours une tentative sincère à une copie efficace.

Ce lien fort lui permet aussi de tenter des formats plus risqués. Quand il poste un morceau plus sérieux, comme *Bye Bye*, ou une vidéo plus personnelle, il sait qu'il sera suivi. Pas forcément applaudi. Mais respecté. Parce que sa communauté lui laisse ce droit : **le droit d'essayer**. C'est là l'un des plus beaux acquis d'un auteur. Et Lucas, en 2019, l'a obtenu sans bruit, sans forcer, juste en créant, semaine après semaine, année après année.

Ce n'est pas un public qu'il a bâti. C'est une **relation de confiance**. Et c'est cette relation, solide, durable, exigeante, qui lui permettra de prendre, quelques mois plus tard, l'un des plus grands virages de sa carrière.

La préparation de l'album : entre secret et montée en tension

Alors que ses clips explosent, que les Freestyles s'enchaînent et que sa communauté grandit encore, Lucas Hauchard commence à envisager ce que personne n'attendait de lui à ce moment-là : un **véritable album de musique**. Pas une suite de parodies. Pas un projet collectif. Un vrai disque, écrit, produit, enregistré, pensé comme une œuvre cohérente. Mais il garde l'idée pour lui. En 2019, rien n'est annoncé. Tout est en cours. En secret. Et c'est ce secret qui donne au projet sa force : une **montée en tension silencieuse**.

Lucas n'est pas pressé. Il sait que pour franchir cette étape, il devra changer de posture, sans renier ce qui a fait sa légitimité. Il ne peut pas débarquer avec un album sans préparation. Il lui faut construire une transition. Les Freestyles, les clips, les collaborations ne sont pas de simples amusements : ce sont des **tests**, des essais, des jalons. Chaque morceau lui permet d'expérimenter un ton, une prod, une ambiance. Il explore sans le dire. Et pendant que le public savoure ces vidéos, lui **prépare l'étape d'après**.

Ce travail en coulisses est long, exigeant, invisible. Lucas s'entoure. Il consulte des beatmakers, des ingénieurs du son, des réalisateurs de clips. Il commence à **écrire seul**, dans une autre logique que celle des vidéos. Il veut raconter autrement. Poser des ambiances. Explorer d'autres sujets. Il ne cherche pas le tube. Il cherche la cohérence. L'album ne sera pas une compilation de ce qu'il sait déjà faire. Ce sera un **territoire neuf**.

Le défi est immense. Squeezie est connu, exposé, attendu. S'il se rate, la chute sera brutale. Et il le sait. Mais cette pression ne le paralyse pas. Elle le structure. Il se donne des objectifs, des deadlines, des critères internes. Il ne veut pas simplement "faire un album". Il veut que cet album **lui ressemble vraiment**, tout en révélant une facette qu'on n'a pas encore vue. Ce double mouvement — fidélité et nouveauté — guide toute la préparation.

Pendant ce temps, il continue à publier. À faire rire. À tourner. Rien ne laisse deviner ce qui se prépare en arrière-plan. Il garde le **silence stratégique**, non pas pour créer du mystère, mais pour se protéger. Il veut travailler librement, sans pression externe, sans attentes précises. Il veut que le jour venu, l'annonce soit une surprise. Et surtout, que le résultat parle de lui-même. Pas besoin de teasing tapageur. L'album existera par ce qu'il contiendra.

Cette retenue n'est pas une stratégie de communication. C'est une **discipline de création**. Lucas sait que l'effet d'annonce ne fait pas une œuvre. Il refuse de vendre du vent. Il préfère peaufiner dans l'ombre, quitte à prendre son temps. Il veut que chaque morceau soit défendable. Que chaque texte soit juste. Que chaque instrumentale dise quelque chose. Il n'est pas en train de jouer au chanteur. Il est en train de **devenir musicien**.

Mais cette discrétion n'empêche pas la tension de monter. À mesure que ses clips deviennent plus ambitieux, que ses textes s'affinent, que ses collaborations se multiplient, une question se pose de plus en plus dans les commentaires : "Et si Squeezie sortait un album ?". Les rumeurs circulent. Les fans en parlent. Les médias spéculent. Mais lui ne dit rien. Il **laisse faire le bruit autour**, pendant qu'il affine le son au centre.

Cette attente diffuse devient une **partie de l'œuvre**. Quand on revoit ses vidéos de 2019 avec le recul, on perçoit les indices. Les allusions. Les petits signes. Les tons plus graves. Les expérimentations discrètes. Tout était là. Mais sur le moment, peu l'ont vu. Ce n'est qu'à posteriori que l'on comprend : il était déjà ailleurs. Il **composait une transition**, comme un architecte discret, sans casser les murs, mais en redessinant le plan.

En parallèle, il réfléchit à la forme que prendra cette sortie. Album numérique ? Clips à suivre ? Scène ? Promotion ? Là encore, il veut sortir des cases. Il veut surprendre, mais sans trahir. Il veut assumer un nouveau rôle, mais en gardant son humour, sa liberté, sa mise à distance. Ce n'est pas une reconversion. C'est un **élargissement**. Une extension de territoire. Ce que YouTube a permis, il va le transposer dans un autre format.

À la fin de 2019, personne ne sait encore que l'album est déjà en gestation avancée. Que plusieurs morceaux sont terminés. Que certains clips sont en préparation. Que Lucas Hauchard a déjà franchi le pas dans sa tête. Il n'a pas encore changé officiellement. Mais il a commencé à **changer intérieurement**. Et cette transformation invisible, patiente, exigeante, est ce qui fera toute la différence.

Chapitre 7 – L'album surprise (2020)

L'annonce inattendue : Squeezie devient Oxyz

Le 15 septembre 2020, sans teaser prolongé, sans fuite organisée, sans annonce tonitruante, une publication tombe sur les réseaux : un visuel sombre, stylisé, un nom énigmatique – *Oxyz* – et une date de sortie. Le 25 septembre, Squeezie sort son premier album. Le ton est donné : pas un projet collaboratif, pas une compilation de freestyles, mais un **vrai album solo**, écrit et interprété par Lucas Hauchard lui-même. Le choc est immédiat. Même ceux qui s'y attendaient n'avaient pas prévu **cette forme, cette ambition, cette signature**.

Le nom "Oxyz" n'est pas choisi au hasard. Il sonne comme un pseudonyme, mais il n'efface pas Squeezie. Il l'enrichit. Il symbolise une mue, une respiration, une transition. Lucas ne renie pas son passé. Il ne se cache pas derrière une nouvelle identité. Il signe sous son propre nom, mais laisse "Oxyz" incarner **le versant musical** de sa personnalité. Comme si ce nom ouvrait une autre pièce dans la même maison. Un espace plus intime, plus onirique, plus écrit.

L'annonce crée un frisson dans la communauté. Pendant des mois, les fans avaient spéculé, douté, espéré. Et voilà que l'album existe, qu'il est prêt, qu'il a une date. Aucun extrait n'a été publié en amont. Aucun single n'a tourné en radio. C'est un saut dans le vide. Une **prise de parole directe, sans filet**, comme Squeezie les aime. Il ne laisse pas le marketing faire le travail. Il parle à son public, sans filtre. Et cette confiance, cette absence de mise en scène, rend l'annonce d'autant plus puissante.

Ce choix de l'effet de surprise n'est pas une stratégie isolée. Il correspond à la manière dont Lucas fonctionne depuis toujours. Il crée d'abord. Il montre ensuite. Il n'aime pas promettre. Il préfère livrer. Cette méthode, dans l'univers de la musique, est rare. Les albums sont souvent précédés de mois de promo, de clips préalables, d'interviews calibrées. Squeezie, lui, **déroge à toutes les règles**. Il sort son disque comme on lance une vidéo : simplement, sincèrement.

Ce moment marque aussi une **prise de risque majeure**. Car l'album, une fois annoncé, ne pourra plus être ignoré. Il ne s'agit plus de "tester la musique pour s'amuser". Il s'agit de s'exposer. De poser sa voix, ses textes, ses choix sonores face au public… et à la critique. Lucas le sait. Il a vu ce que l'entrée en musique implique pour d'autres créateurs. Il a conscience que beaucoup vont juger, comparer, chercher la faille. Mais il y va quand même. Parce qu'il est prêt. Parce que c'est le bon moment.

Cette décision vient aussi sceller une évolution plus profonde : Lucas ne se contente plus d'être un créateur YouTube. Il devient, aux yeux de tous, un **artiste multimédia**, capable de naviguer entre les formats avec exigence. La musique n'est pas un bonus. C'est une autre langue. Et cet album, Oxyz, est l'expression la plus claire de cette nouvelle voix. Pas une rupture avec le passé, mais une **extension de terrain**, pensée, assumée, construite.

Ce qui surprend, c'est la sobriété de l'annonce. Pas de vidéo dédiée sur sa chaîne principale. Pas de vlog making-of. Pas de trailer spectaculaire. Il publie simplement la pochette, sobre, bleue, presque glacée, avec son visage à moitié masqué par une brume. Et ce graphisme, à lui seul, dit tout : on entre dans **un monde parallèle**, codé, symbolique, poétique. Oxyz n'est pas un produit. C'est un récit. Une ambiance. Une respiration.

L'annonce de l'album ne divise pas la communauté. Au contraire, elle **renforce l'attachement**. Les fans saluent le courage, la discrétion, l'audace. Ils savent que Lucas aurait pu se contenter de sa position confortable. Il aurait pu continuer à cartonner sur YouTube sans jamais prendre ce risque. Mais il l'a pris. Et ce seul geste crée une adhésion massive. Même ceux qui n'aiment pas forcément le rap veulent écouter. Pour voir. Par respect. Par curiosité. Parce que **quand Squeezie tente quelque chose, on a envie d'y croire**.

Pendant ces dix jours entre l'annonce et la sortie, Lucas reste fidèle à lui-même. Il ne surjoue pas l'événement. Il partage quelques stories, des bribes en studio, quelques messages de remerciements. Il laisse la musique faire le travail. Et dans ce silence relatif, quelque chose monte. Une attente calme. Une tension douce. Le 25 septembre approche. Et personne ne sait exactement ce qui va sortir. Mais tous sentent que **ce ne sera pas anodin**.

Ce jour-là, Squeezie ne devient pas quelqu'un d'autre. Il ne tourne pas le dos à sa communauté. Il ne se déguise pas. Il fait juste ce qu'il a toujours fait : il avance. Et cette fois, c'est dans un autre monde. Celui de la musique, de l'écriture, de la voix nue. *Oxyz* n'est pas un album de YouTubeur. C'est un **album d'auteur**, fait par un garçon qui, depuis toujours, crée ce qu'il aurait aimé voir… et qui, pour la première fois, **fait entendre ce qu'il avait besoin de dire**.

Un album personnel, mélodique, introspectif

Le 25 septembre 2020, *Oxyz* sort en silence, comme annoncé. Pas de conférence de presse, pas de matinale promo, pas de lancement sur les ondes. Mais l'album arrive partout, en une fois, disponible en streaming, en téléchargement, en physique. Et tout de suite, il **déroute**. Ce n'est pas un album de divertissement, ni une galerie de punchlines. C'est une œuvre posée, mélodique, intime. Un disque **d'auteur**, au sens le plus sincère du terme.

Dès la première écoute, un mot s'impose : **introspection**. Loin de l'image du Squeezie énergique et bondissant, Lucas y dévoile une autre voix. Plus grave. Plus lente. Moins dans la performance, plus dans la confidence. Les textes abordent la solitude, les doutes, les ruptures, le temps qui passe. Il ne s'invente pas un mal-être de façade. Il parle de ce qu'il vit. De ce qu'il traverse. Avec pudeur, mais sans détour. Ce n'est pas l'album d'un personnage. C'est celui d'un garçon qui regarde **ce qu'il est devenu**.

La structure du disque confirme cette orientation. Treize titres, sans feat tapageurs. Pas de tube programmé. Pas de single racoleur. Juste une série de morceaux liés par un climat, une **cohérence émotionnelle**, une esthétique bleutée. Il y a des refrains chantés, des couplets murmurés, des boucles harmoniques douces. Les productions, signées notamment par GøJø et Trinix, évitent les clichés trap ou pop faciles. Elles créent un écrin élégant, parfois rêveur, parfois tendu, toujours soigné.

L'un des morceaux emblématiques, *Guépard*, frappe par sa franchise. Lucas y évoque la vitesse à laquelle tout s'enchaîne, la sensation de courir sans cesse, la peur de perdre pied. C'est une chanson sur le succès, mais vue de l'intérieur. Il n'y a pas de fanfaronnade. Juste une lucidité tranquille, presque triste. Un autre morceau, *Servis après-midi*, explore le couple, l'attente, la perte de rythme dans une relation. Là encore, la voix est posée, le ton juste, l'écriture précise. Chaque mot a sa place. **Rien ne déborde.**

Cette retenue est l'un des choix les plus marquants de l'album. Il aurait pu se laisser aller au lyrisme, au pathos, à la démonstration technique. Mais non. Lucas reste dans une forme de sobriété constante. Il refuse l'excès. Il choisit le clair, l'épuré, l'essentiel. Et cette épure donne au disque une **force douce**, une profondeur inhabituelle dans les projets de créateurs issus du numérique. C'est un album qui ne cherche pas à impressionner. Il cherche à dire quelque chose, et il le dit bien.

Le plus surprenant, peut-être, c'est cette capacité à ne **jamais tomber dans l'imitation**. Squeezie ne joue pas au rappeur. Il ne copie pas les codes de l'industrie. Il ne force pas son flow. Il n'adopte aucun accent, aucun artifice. Il parle comme il parle. Il chante comme il peut. Et cette authenticité, parfois fragile, est aussi ce qui rend l'album attachant. Il ne prétend pas. Il propose. Et cette proposition, contre toute attente, tient debout.

Certains critiques, désorientés, chercheront la comparaison. "Trop propre", "trop calme", diront certains. "Manque de punch". Mais ce serait juger *Oxyz* avec les mauvais critères. Ce n'est pas un album de scène, ni de club. C'est un disque **d'intérieurs**, d'écoutes attentives, de nuits calmes. Il ne veut pas faire danser. Il veut **faire exister une ambiance**. Une forme de poésie digitale, intime, personnelle. Et dans ce cadre-là, il réussit pleinement.

Les fans, eux, comprennent immédiatement. Ils reconnaissent des bribes de vidéos passées, des motifs de pensée, des phrases entendues ailleurs. Ils sentent que cet album, c'est **la version mise à nu** du créateur qu'ils suivent depuis des années. Ce n'est pas un masque. C'est un dévoilement. Et ce dévoilement, parce qu'il est lent, mesuré, sincère, crée une émotion rare. Les messages affluent. Les remerciements aussi. On lui dit que l'album a aidé. Qu'il a touché. Qu'il a parlé.

Lucas, de son côté, reste discret. Il ne surinterprète pas l'accueil. Il répond à quelques interviews, mais ne force pas le débat. Il laisse le disque vivre sa vie. Il sait qu'un album, ce n'est pas une vidéo à commenter en direct. C'est un objet qu'on laisse aux autres, sans savoir ce qu'ils en feront. Il a dit ce qu'il avait à dire. Et maintenant, il se tait. Il regarde. Il écoute. **Il laisse Oxyz parler à sa place.**

En 2020, Lucas Hauchard a réussi ce que peu de créateurs digitaux ont réussi : **passer d'une plateforme à une œuvre**, sans renier son identité. Il n'a pas changé. Il a élargi. Et avec *Oxyz*, il n'a pas conquis un nouveau public. Il a ouvert une nouvelle pièce à ceux qui le suivaient déjà. Une pièce plus calme, plus sombre, plus fragile. Mais aussi plus belle. Et cette pièce, désormais, fait partie de la maison.

Réactions, critiques, réception : entre respect et surprise

Lorsque *Oxyz* paraît, personne ne sait vraiment comment il sera reçu. L'album ne s'inscrit pas dans les codes habituels du rap français, ni dans ceux de la variété, ni dans l'univers YouTube auquel Squeezie a été si longtemps associé. C'est un objet hybride, mélancolique, personnel, aux antipodes du cliché du créateur numérique qui s'improvise chanteur. Et pourtant, dès les premiers jours, une chose s'impose : **le respect**. Pas un respect forcé ou poli, mais un étonnement sincère, parfois admiratif.

Les plateformes de streaming le mettent en avant. Les classements se remplissent. L'album entre directement dans le Top 10 français. Certains titres sont relayés sur des playlists éditoriales, y compris dans des sélections sérieuses, habituellement peu ouvertes aux projets dits "YouTubeurs". Ce n'est pas une vague de hype artificielle.

C'est une **reconnaissance pragmatique** : l'album est écouté. Beaucoup. Et les retours sont bons.

Les critiques professionnels, d'abord prudents, commencent à publier des papiers. Pas toujours dithyrambiques, mais curieusement équilibrés. On y lit des termes comme "élégant", "sincère", "bien produit", "cohérent". Certains parlent d'une "bonne surprise", d'autres saluent "le soin apporté à la direction artistique". Même ceux qui n'aiment pas le style reconnaissent que le projet a été **travaillé avec sérieux**. Il n'y a pas de consensus, mais il y a un climat : Lucas Hauchard a gagné **le droit d'être pris au sérieux**.

Du côté de la communauté, l'accueil est plus qu'enthousiaste. Les fans s'approprient les morceaux, analysent les textes, identifient les allusions aux vidéos anciennes. Les réseaux sociaux se remplissent de captures, de paroles préférées, de photos de pochettes vinyles. Des messages affluent, parfois bouleversants. Certains racontent que l'album les a accompagnés dans des moments de solitude. Que les mots tombent juste. Que la voix apaise. Ce n'est pas juste un succès commercial : c'est **une œuvre qui touche**.

Lucas lit, sans répondre à tout. Il repost quelques messages, remercie discrètement. Il ne veut pas s'exposer plus que de raison. Il ne surfe pas sur l'émotion. Il laisse les autres parler, digérer, s'approprier. Il comprend que ce qui touche vraiment, c'est souvent ce qu'on n'explique pas. Et dans cette sobriété, il **confirme son changement de statut** : il n'est plus seulement suivi. Il est écouté.

Ce qui surprend beaucoup, c'est l'absence d'effet "retour de bâton". Sur YouTube, comme dans la musique, l'exposition appelle souvent la moquerie.

Mais *Oxyz* échappe à ce mécanisme. Même les détracteurs de Squeezie, même ceux qui se méfient des créateurs venus d'Internet, admettent que l'album tient. Ils ne deviennent pas tous fans. Mais ils reconnaissent une chose essentielle : **il a fait un vrai disque**.

Plusieurs artistes, issus du milieu musical, le saluent publiquement. Certains envoient des messages en privé. D'autres proposent déjà des collaborations. Ce n'est pas un basculement total dans l'industrie, mais un **passage de relais symbolique**. Lucas entre dans un cercle. Il n'en force pas la porte. Il est invité. Et il accepte, à sa manière : tranquillement, sans bruit, en continuant à créer, à apprendre, à tester.

L'impact médiatique de l'album, quant à lui, reste mesuré, mais profond. Il ne sature pas les plateaux. Il ne multiplie pas les interviews. Mais son nom revient dans des émissions culturelles, dans des bilans de fin d'année, dans des listes de recommandations. Pas pour sa notoriété YouTube. Pour *Oxyz*. Et cette distinction, si rare dans l'univers des transfuges numériques, est sans doute **la plus grande victoire du projet**.

Ce respect nouvellement acquis ne remplace pas son public d'origine. Il le complète. Lucas ne perd pas ses abonnés. Il ne change pas de ton. Il élargit. Il prouve que l'on peut faire évoluer son art sans renier ce qui l'a fondé. Il ne tourne pas le dos à Squeezie. Il montre que Squeezie peut aussi être cela : un musicien, un auteur, un garçon de 24 ans qui écrit sur ce qu'il ressent, et qui le fait bien.

En 2020, Lucas Hauchard réussit une prouesse discrète : **il rend crédible l'improbable**. Il franchit un cap sans violence, sans opportunisme, sans rupture forcée. Il ajoute une corde à son arc, sans tirer sur les anciennes. Et c'est cette façon douce, précise, élégante de faire qui marque les esprits. Il n'a pas conquis un nouveau territoire. Il a redéfini le sien.

Continuer YouTube après l'album : l'équilibre délicat

Une fois *Oxyz* sorti, Lucas Hauchard se retrouve face à une question simple, mais fondamentale : **comment revenir sur YouTube après avoir publié un album aussi personnel ?** La tentation de faire une pause, de changer de plateforme, de s'éloigner, pourrait sembler logique. Mais lui fait le choix inverse. Il revient. Pas comme si de rien n'était. Mais comme quelqu'un qui sait désormais tenir ensemble plusieurs facettes. L'artiste musical ne remplace pas le créateur de vidéos. Il s'y ajoute.

Ce retour n'est pas brutal. Il est **progressif, pensé, mesuré**. Lucas publie d'abord quelques vidéos plus légères, dans le style qui a fait son succès : des concepts, des formats à plusieurs, des jeux filmés. Il ne joue pas la carte du "nouveau Squeezie". Il ne cherche pas à imposer sa mutation. Il laisse le public retrouver ses repères. Il montre que rien n'a disparu. Que l'humour, la légèreté, la créativité collective sont toujours là. Mais quelque chose a changé. Subtilement. En profondeur.

Cette reprise d'activité n'est pas un retour en arrière. C'est une **poursuite**. Les vidéos ne sont ni plus graves, ni plus sérieuses. Mais elles sont peut-être plus abouties, plus rigoureuses, plus assumées. Lucas ne surjoue plus. Il n'a plus besoin de se forcer. On sent qu'il est là parce qu'il en a envie, et pas parce qu'il doit alimenter une machine. Ce **nouveau rapport au rythme**, plus calme, plus réfléchi, devient visible.

Il commence à réorganiser ses publications. Il ne poste plus trois vidéos par semaine. Il espace, sans perdre le lien. Il privilégie la qualité à la quantité. Il prépare plus en amont. Il écrit davantage. Il multiplie les tournages en équipe. Il pense chaque vidéo comme un objet narratif en soi, avec une structure, une tension, un univers. Ce n'est plus une chaîne de production. C'est un **atelier d'auteur**, où chaque sortie est un geste.

La communauté suit. Fidèlement. Avec une forme de maturité. Les fans comprennent qu'on ne peut pas demander à un créateur de 25 ans de produire au même rythme qu'à 18. Ils acceptent le changement. Ils y participent. Certains se disent même soulagés. Ce ralentissement est une **preuve de respect**, un signe que Lucas ne sacrifie pas la sincérité au profit de l'algorithme. Il avance à son rythme. Et il continue à les emmener avec lui.

Ce moment est aussi celui d'un **équilibre fragile**. Car tout pourrait basculer. S'il poste trop peu, il pourrait décroître.

S'il poste trop vite, il pourrait s'épuiser. S'il se perd dans la musique, il pourrait perdre son socle. Mais il tient. Par instinct. Par expérience. Il connaît le tempo. Il sait varier. Il alterne les vidéos légères, les concepts collectifs, les créations plus ambitieuses. Il module. Et ce **dosage** devient sa force.

Il garde aussi un lien clair entre les deux mondes. Il évoque *Oxyz* dans ses vidéos, mais sans insistance. Il glisse des clins d'œil. Il poste des images du studio dans ses stories. Il laisse la musique en fond sonore dans certaines vidéos. Il **relie les univers sans jamais les forcer**. Ce n'est pas une double vie. C'est une vie à plusieurs vitesses. Et chaque vitesse trouve son moment.

Cette période marque aussi l'arrivée de nouveaux projets hybrides. Des formats YouTube plus scénarisés, plus cinématographiques. Des vidéos musicales tournées comme des courts-métrages. Des concepts mêlant humour et mise en scène. Lucas continue à inventer, mais avec des outils nouveaux. Il n'est plus contraint par la case "vidéo de YouTubeur". Il peut tout tester. Et sa chaîne devient un **laboratoire créatif**.

En parallèle, il protège son équilibre personnel. Il parle du besoin de repos, de l'importance de s'écouter. Il refuse les tournées, les calendriers absurdes. Il veut durer. Et cette volonté de durée, dans un milieu fondé sur l'instant, est rare. Elle exige du courage, de la lucidité, et une confiance en soi solide. Lucas l'a trouvée. Non pas en se retirant. Mais en **habitant plusieurs espaces à la fois**, avec intelligence.

À la fin de 2020, Squeezie n'est pas devenu quelqu'un d'autre. Il est resté lui-même, mais il s'est ouvert. À la musique, à la narration, au silence aussi. Il a prouvé qu'on pouvait créer longtemps, différemment, sincèrement. Et ce retour à YouTube, loin d'être un repli, est une **affirmation tranquille** : oui, on peut publier un album d'auteur, et revenir faire rire. Oui, on peut être multiple, et fidèle à soi. Et ce "oui-là" est peut-être la plus belle réponse qu'il pouvait offrir.

Chapitre 8 – Le roi des concepts (2021–2022)

Le format "Qui est l'imposteur ?" : viralité et précision

En 2021, après la sortie de *Oxyz* et une série de vidéos plus espacées, Squeezie revient avec un format qui va redéfinir à lui seul **l'équilibre entre YouTube, télévision et jeu narratif** : *Qui est l'imposteur ?*. À première vue, le concept est simple : trois inconnus se présentent comme pratiquant une même activité, mais un seul dit la vérité. Aux invités de deviner qui est le menteur. Mais derrière cette simplicité, il y a une précision redoutable, un sens du rythme affûté, et une mécanique qui va devenir **l'un des piliers de sa chaîne**.

Ce format n'apparaît pas par hasard. Lucas Hauchard le travaille depuis longtemps. Il a toujours aimé les jeux de déduction, les mécaniques d'imposture, les situations à double fond. *Qui est l'imposteur ?* n'est pas une copie d'un format existant. C'est un **assemblage de plusieurs influences**, adapté à sa propre écriture, à sa mise en scène, à son humour. Il y mêle le ton décontracté des vidéos de potes, l'efficacité du divertissement télévisé, et l'intelligence des jeux de bluff.

Dès la première vidéo, le succès est foudroyant. Le public adhère immédiatement. La tension monte à chaque échange. Les invités — souvent des proches ou des créateurs — se prennent au jeu. Les imposteurs sont bluffants, les vrais professionnels parfois déconcertants. Et surtout, Lucas gère le rythme à la seconde près. Pas de temps mort. Pas d'égarement. Chaque question, chaque doute, chaque regard est **capté, monté, mis en valeur**. Le montage est chirurgical. L'effet, redoutable.

Ce qui fascine, c'est la **précision du dispositif**. Chaque épisode suit une structure identique, mais laisse place à des variations subtiles. Les invités changent, les métiers sont improbables, les imposteurs plus ou moins convaincants. Il y a des ratés, des éclats de rire, des moments de tension. Et à chaque fois, c'est un scénario différent. On pourrait croire que le format s'use. Mais non. Il se renouvelle par les détails. Par les silences. Par le regard d'un invité qui doute.

Lucas joue un rôle central. Il n'est pas seulement l'animateur. Il est le **chef d'orchestre**. Il guide, relance, recadre, pose les bonnes questions. Il connaît la tension narrative. Il sait exactement quand couper, quand ralentir, quand relancer. Il maîtrise le rythme comme un réalisateur de fiction. Et cette maîtrise, invisible pour le spectateur lambda, est ce qui rend chaque vidéo aussi captivante. On n'a pas l'impression de regarder un jeu. On vit une enquête.

Le format devient vite un rendez-vous. Chaque nouvelle vidéo *Qui est l'imposteur ?* est attendue, partagée, analysée. Des vidéos de réactions apparaissent. Des forums débattent des méthodes des imposteurs. Certains spectateurs se filment en train de deviner en direct.

L'émission devient **interactive, virale, communautaire**. Elle n'est plus seulement un contenu : c'est un événement. Et Lucas, sans jamais le dire, vient de créer un **monstre d'audience**, parfaitement dosé.

Ce succès s'explique aussi par la qualité de la production. Les décors sont sobres mais soignés. La lumière est pensée. Le son est net. Les plans sont variés mais lisibles. Chaque épisode est une **coproduction artisanale de haute volée**. Rien n'est clinquant. Tout est à sa place. Lucas ne cherche pas à faire du cinéma. Il fait mieux : il **respecte le spectateur**. Il sait que le public n'a pas besoin de gadgets, juste d'un bon rythme et d'un bon jeu.

Mais derrière cette réussite, il y a une vision. Squeezie ne veut pas juste divertir. Il veut créer des formats pérennes, intelligents, exportables. Il sait que YouTube est devenu **un écosystème télévisuel parallèle**. Et il prend cette logique à bras-le-corps. *Qui est l'imposteur ?* n'est pas une vidéo d'appoint. C'est une émission à part entière. Et cette bascule du "YouTubeur qui fait des vidéos" au "créateur de formats" est l'un des grands tournants de 2021.

Le format va d'ailleurs inspirer d'autres créateurs. Des versions émergent ailleurs, plus ou moins réussies. Certains y voient un "nouveau Burger Quiz", d'autres un "Among Us réel". Mais tous s'accordent sur un point : c'est **Squeezie qui a inventé cette version-là**. Ce n'est pas un copier-coller. C'est une invention originale, née de sa culture numérique, de son sens du collectif, de sa science du montage.

En un an, *Qui est l'imposteur ?* devient bien plus qu'un concept. C'est une vitrine. Une démonstration de savoir-faire. Un laboratoire de narration. Une pierre angulaire dans une chaîne qui n'en finit plus de se réinventer. Et derrière chaque rire, chaque erreur, chaque révélation, il y a la main invisible de Lucas Hauchard. Celle d'un créateur qui a compris que **le vrai pouvoir, ce n'est pas d'être vu. C'est de faire que l'on veuille regarder jusqu'au bout.**

Le jeu comme narration : inventer des formats dans un monde saturé

À l'heure où l'algorithme règne, où les formats s'uniformisent, où les tendances se répètent en boucle sur les réseaux, inventer un concept original relève de l'exploit. YouTube est devenu un espace saturé : chaque bonne idée a été clonée dix fois, chaque format viral a été essoré en quelques semaines. Dans ce contexte, ce que Squeezie réussit entre 2021 et 2022 tient presque du prodige : **réinventer le jeu**, non pas comme simple divertissement, mais comme **outil narratif**, comme levier d'inventivité, comme langage à part entière.

Depuis toujours, Lucas Hauchard aime le jeu. Dans ses premières vidéos, c'était déjà le moteur. Mais désormais, il ne se contente plus de jouer. Il **invente des mécaniques**, il les structure, il les met en scène. Le jeu devient une grammaire, un moyen de raconter des histoires, de faire émerger des personnages, de provoquer des retournements. Il ne s'agit plus de gagner ou perdre, mais de faire vivre une tension, une ambiance, un récit. Chaque concept est pensé comme une **petite dramaturgie**.

Il ne s'appuie pas sur de gros moyens. Pas besoin de plateaux géants ni d'effets spéciaux. Ce qui compte, c'est l'idée. Le **cœur du concept**. "Tu ris, tu perds" repose sur un mécanisme ultra simple, mais dont l'exécution est ciselée : la règle unique rend chaque rire précieux, chaque chute mémorable. "Devine le vrai son" joue sur nos réflexes auditifs, nos souvenirs, notre imagination. "On résout des enquêtes" transforme une simple discussion en thriller comique. Chaque format active une autre zone du cerveau.

Ce qui rend ces vidéos si puissantes, c'est qu'elles racontent toujours quelque chose. Même sans scénario, il y a des personnages — Lucas en meneur de jeu, les invités en rôles multiples, les imposteurs en figures narratives. Il y a une structure : une introduction, une montée, un retournement, une révélation. Il y a un ton, un style, une **ligne directrice esthétique et rythmique**. Ce ne sont pas des vidéos. Ce sont des épisodes.

Dans un monde numérique dominé par le zapping, Lucas parvient à **créer de la durée**. Ses concepts sont longs, souvent plus de vingt minutes, parfois quarante. Et pourtant, on ne décroche pas. Parce que chaque moment a un sens. Parce que le jeu capte l'attention mieux que n'importe quel effet visuel. Parce qu'il fait ce que peu osent encore faire : il **fait confiance à l'intelligence du spectateur**.

Son autre force, c'est la régularité sans répétition. Il revient aux mêmes formats, mais il varie sans cesse : les invités changent, les angles évoluent, les twists s'affinent. Il ne cherche pas à surprendre par la rupture, mais par la **maîtrise du détail**. Le public revient non pas parce qu'il s'attend à quelque chose de nouveau, mais parce qu'il sait que ce sera bon. Le jeu devient une promesse de qualité, et Squeezie tient cette promesse à chaque épisode.

Ce travail est profondément artisanal. Derrière les vidéos, il y a des heures d'écriture, de préparation, de tournage, de montage. Lucas réfléchit à chaque règle, chaque choix de décor, chaque effet sonore. Il ne délègue pas la créativité. Il la **centralise et la peaufine**. Il est à la fois auteur, producteur, animateur, monteur. Et cette implication donne aux formats une saveur unique : ils ne ressemblent à rien d'autre, parce qu'ils viennent d'un endroit très personnel.

Dans un paysage saturé de contenu, ce que Squeezie apporte, c'est une forme d'élégance. Pas dans le sens chic ou lisse, mais dans le sens **d'une intelligence sans prétention**, d'un raffinement caché derrière l'humour. Il ne cherche pas à faire le malin, ni à prouver quoi que ce soit. Il joue, mais avec sérieux. Il fait rire, mais sans paresse. Il produit, mais sans cynisme. Et cette posture, rare, est sans doute ce qui fait sa singularité.

Ce que beaucoup ont perdu, il l'a gardé : la **curiosité**. Il ne répète pas. Il explore. Il observe. Il analyse. Il décortique ce qui marche, ce qui amuse, ce qui intrigue. Il reste en veille, pas pour copier, mais pour comprendre. Et à partir de là, il crée. Non pas pour satisfaire une attente, mais pour surprendre une envie. Il ne suit pas la tendance. Il la précède.

Entre 2021 et 2022, Squeezie ne se contente plus d'être le premier YouTubeur de France. Il devient, plus discrètement, **un inventeur de formes**, un scénariste du divertissement interactif, un créateur de tension ludique dans un monde saturé de bruit. Il ne fait pas du contenu. Il fait des objets. Et chacun de ces objets nous rappelle une chose essentielle : le jeu, quand il est bien pensé, est peut-être **la plus belle façon de raconter une histoire**.

Une équipe de confiance, un cadre artisanal

Dans l'imaginaire collectif, Squeezie reste souvent associé à une forme d'indépendance. Il crée, il monte, il publie. L'image du YouTubeur seul maître à bord reste puissante. Mais derrière cette façade, une **équipe discrète et soudée**joue un rôle fondamental. Ce n'est pas une armée. Ce n'est pas une entreprise géante. C'est un petit noyau dur, constitué au fil des années, tissé de confiance, de loyauté, de complémentarité. Et c'est cet équilibre qui permet à Lucas Hauchard de continuer à créer avec **la même exigence artisanale**.

Tout commence par les collaborateurs de l'ombre. Seb, Joyca, Théodore Bonnet, Maxime (monteur), Mélanie (chef de projet), autant de noms qui ne sont pas forcément mis en avant mais qui, pour ceux qui suivent attentivement, forment la **colonne vertébrale de la chaîne**. Certains écrivent avec lui. D'autres filment, montent, cadrent, gèrent le planning. Tous connaissent son rythme, son humour, son exigence. Il ne s'agit pas de simples exécutants. Ce sont des co-créateurs.

Lucas garde le contrôle global. Il valide chaque idée, supervise chaque montage, pense chaque décor. Mais il délègue ce qui peut l'être. Et surtout, il **écoute**. Il ne prétend pas tout savoir. Il teste, il échange, il ajuste. Cette intelligence collective est sans doute ce qui lui permet d'enchaîner les concepts sans lassitude. Chacun apporte sa pièce. Chacun affine. Et Lucas, en chef d'orchestre bienveillant, coordonne l'ensemble sans jamais tirer toute la couverture à lui.

Ce qui frappe, dans cette équipe, c'est **l'humilité partagée**. Pas de show-off, pas d'ambitions personnelles affichées, pas de conflits d'ego. Chacun est à sa place, non pas par soumission, mais par cohérence. Le but commun est clair : faire des vidéos de qualité, qui plaisent au public, et dont ils peuvent tous être fiers. L'esprit de bande est réel, mais il ne tourne jamais à la caricature. Il repose sur une confiance bâtie sur les années.

Le cadre de travail, lui aussi, reste à taille humaine. Le studio n'est pas une usine. Les tournages sont efficaces, mais détendus. L'ambiance est professionnelle, mais chaleureuse. Lucas ne cherche pas à grossir à tout prix. Il veut **rester agile**. Garder une marge de manœuvre. Continuer à créer dans un espace qu'il maîtrise, sans perdre l'intensité, sans devenir prisonnier d'une structure trop lourde.

Cette logique artisanale se voit dans les vidéos. Chaque format est peaufiné, mais jamais surproduit. Chaque détail est travaillé, mais rien ne semble figé. Il y a toujours une marge d'improvisation, une ouverture au vivant. Ce n'est pas de la télévision copiée sur YouTube. C'est **du YouTube élevé au rang de métier**, avec ses codes, ses libertés, ses contraintes. Et cette tension entre précision et spontanéité, c'est la marque de l'atelier Squeezie.

Ce qui permet à ce cadre de tenir, c'est aussi la **fidélité des relations humaines**. Lucas ne change pas d'équipe à chaque projet. Il ne fait pas appel aux "meilleurs du moment". Il construit dans la durée. Il préfère quelqu'un qui le comprend à quelqu'un de plus technique. Il mise sur la cohérence humaine autant que sur les compétences. Et cette fidélité, dans un univers souvent instable, fait partie intégrante de son identité.

En gardant ce cadre serré, Lucas s'autorise une liberté rare : celle de **réagir vite, d'essayer, d'échouer** sans trop de conséquences. Il ne dépend pas de dizaines de validations. Il peut tenter un concept du jour au lendemain. Tourner un test. Le jeter s'il ne marche pas. Et repartir. Ce rythme souple, cette liberté d'itération, cette proximité entre l'idée et la réalisation, c'est ce qui fait la vitalité de sa création.

Mais surtout, cette équipe restreinte permet de **préserver l'âme**. L'âme d'un créateur qui veut que chaque vidéo reste personnelle, même si elle est tournée à trois caméras, montée à six mains, réfléchie en groupe. Il ne veut pas devenir une marque sans visage. Il veut que le public sente que c'est encore lui, derrière. Que la main n'est pas trop loin de la voix. Que le regard reste singulier, même quand les moyens augmentent.

Entre 2021 et 2022, Squeezie réussit à tenir ce paradoxe : **être l'un des plus gros créateurs d'Europe tout en restant un artisan**. Un artisan moderne, entouré, épaulé, mais fidèle à l'essentiel. Et cet essentiel, ce n'est pas le nombre de vues. C'est la capacité à faire, à faire bien, à faire ensemble, sans jamais oublier pourquoi on a commencé.

Maîtriser l'image sans la figer : un modèle à contre-courant

Quand on atteint les sommets d'audience qu'occupe Squeezie depuis plusieurs années, la tentation est grande de verrouiller son image. Beaucoup choisissent alors le contrôle total : équipes de communication, direction artistique figée, présence calibrée, interventions rares et millimétrées. Lucas Hauchard, lui, fait un choix plus risqué mais plus libre : **maîtriser son image sans la figer**, rester lisible tout en restant vivant. Et c'est peut-être là l'une des clefs les plus subtiles de sa longévité.

Il ne joue pas à brouiller les pistes. Il n'adopte pas de masque. Il ne se réinvente pas tous les six mois. Mais il refuse aussi de devenir une caricature de lui-même. Il **fait évoluer son ton, ses centres d'intérêt, sa manière de s'adresser à son public**. Il ne garde que l'essentiel : la sincérité, la curiosité, l'envie de créer. Le reste — la forme, les formats, la voix publique — peut bouger, se transformer, se reconfigurer. Il ne s'accroche pas à une identité figée.

Lucas n'est pas dupe de son exposition. Il sait qu'il est un visage reconnu, une figure suivie par des millions. Il sait que chaque mot peut être repris, chaque image disséquée. Mais au lieu de se fermer, il choisit une autre voie : **l'ouverture mesurée**. Il donne des nouvelles, partage des coulisses, montre l'envers du décor. Mais jamais jusqu'à saturation. Jamais pour combler. Jamais pour meubler. Il parle quand il a quelque chose à dire.

Sur les réseaux, il garde cette ligne. Ni mystère total, ni transparence excessive. Il partage ce qu'il veut, sans jouer la mise en scène constante. Il ne cherche pas à construire une "authenticité" factice, comme on le voit souvent dans l'influence. Il ne se filme pas dans son lit à 2h du matin pour prouver qu'il est "vrai". Il **ne performe pas sa sincérité**. Il la vit, simplement, à travers ce qu'il crée.

Cette posture le place à contre-courant. Là où beaucoup vivent de leur image, Lucas vit de son travail. Son image est le reflet de ce qu'il produit, pas l'inverse. Il ne vend pas son quotidien. Il propose des vidéos, des concepts, des œuvres. Et ce refus de l'exposition permanente est un geste rare. Il garde une forme de **pudeur active**, qui préserve sa santé mentale, mais aussi son mystère, son efficacité, sa liberté.

Ce refus du vedettariat est aussi ce qui rend son succès plus solide. Il ne dépend pas d'un buzz. Il ne dépend pas d'un drame. Il ne joue pas sur les clashs, les rivalités, les provocations. Il construit dans le temps long. Et ce temps long, aujourd'hui, est une force. Là où d'autres explosent et disparaissent, lui **consolide, affûte, ajuste**. Il vieillit avec son public, et ce vieillissement est heureux.

Sa maîtrise de l'image s'exprime aussi dans les détails. Chaque miniature, chaque titre, chaque ambiance visuelle est pensée. Mais jamais surchargée. Il y a une cohérence, une identité, un équilibre. Lucas ne cherche pas à choquer l'œil, ni à dominer l'algorithme par l'agressivité visuelle. Il sait que le fond primera toujours sur le leurre. Et que c'est la **cohérence globale du projet** qui construit une réputation durable.

Même dans ses apparitions publiques, il reste fidèle à cette ligne. Lorsqu'il participe à des interviews, des événements, des vidéos chez d'autres créateurs, il reste lui-même. Il ne surjoue pas. Il ne surcommunique pas. Il s'efface quand il le faut, prend la lumière quand il en a envie. Il **garde une posture de créateur**, pas de célébrité. Et c'est cela, paradoxalement, qui le rend aussi populaire.

Cette posture demande une grande discipline. Il faut savoir dire non. Refuser certains contrats. Renoncer à certaines expositions. Résister à la logique du "toujours plus". Lucas l'a fait. Et en faisant cela, il a offert à son image un cadre souple, évolutif, humain. Pas une image brandie comme un drapeau. Une **présence discrète, mais ferme**, qui dit : "je suis là, mais je choisis comment".

En 2022, Squeezie est à la fois omniprésent et insaisissable. Tout le monde connaît son nom, ses vidéos, son ton. Mais personne ne peut vraiment prédire son prochain geste. Il reste là, en mouvement, sans jamais se trahir. Et dans un monde où tout va trop vite, où tout s'exhibe, cette fidélité à une image libre, mouvante, maîtrisée, est peut-être **la plus belle singularité de sa carrière**.

Chapitre 9 – De YouTube à la scène (2022–2023)

La folie GP Explorer : créer l'événement hors écran

Le 8 octobre 2022, un événement inédit se tient sur le circuit Bugatti du Mans : seize créateurs de contenu s'affrontent dans une véritable course automobile, devant près de 40 000 spectateurs sur place et plus d'un million de personnes en direct sur Twitch. Son nom : **GP Explorer**. Son organisateur : Squeezie. À première vue, cela ressemble à un coup de com. Mais très vite, on comprend que c'est bien plus que ça. C'est un tournant. Un **changement d'échelle**, un déplacement de terrain, une prise de pouvoir dans le réel.

L'idée est née des passions croisées de Lucas : le sport mécanique, le collectif, le goût du défi, le plaisir d'apprendre. Il ne s'agit pas de louer un karting pour s'amuser. Il veut **faire courir des YouTubeurs dans de vraies monoplaces**, sous supervision de la FFSA, avec des semaines d'entraînement, des bolides officiels, des règles strictes. Il veut montrer que le monde numérique peut produire des événements concrets, exigeants, dignes des plus grandes productions.

Pendant des mois, le projet se prépare dans l'ombre. Les créateurs sélectionnés passent leur permis de pilotage, s'entraînent en conditions réelles, découvrent les dangers et les exigences de la course. Aucun n'est pilote. Tous acceptent de tout apprendre, de tout risquer. Et Lucas, au centre, **supervise chaque détail**. Il ne se contente pas de participer. Il produit, coordonne, communique, orchestre. C'est son idée, son bébé. Et ce bébé, quand il naît, dépasse toutes les attentes.

Le jour J, tout fonctionne. L'organisation est fluide. Les caméras sont nombreuses. Le live est impeccable. L'ambiance est folle. Les gradins sont pleins. Sur Twitch, la retransmission bat tous les records français. La presse généraliste relaie l'événement. Le monde de la course automobile salue la performance. Le GP Explorer est **une réussite totale**, à la fois sportive, technique, médiatique, émotionnelle. Et tout ça, sans la moindre chaîne de télévision.

Ce que Lucas vient de faire, c'est prouver que le monde de YouTube n'est pas condamné à l'écran. Il peut **sortir du cadre, investir l'espace, inventer de nouveaux rendez-vous**. Le GP Explorer est un moment de bascule : il démontre qu'un créateur numérique peut imaginer, financer, organiser et animer un événement de masse avec la rigueur d'un producteur de spectacle ou d'un patron de festival. Il devient un **acteur culturel à part entière**.

Ce basculement est fondamental. Jusqu'ici, les créateurs sortaient timidement du numérique : des tournées, des rencontres, des shows. Mais rarement avec cette ampleur, cette audace, cette maîtrise. Le GP Explorer n'est pas un prolongement. C'est une **transposition totale**. Un événement physique, pensé pour le numérique, mais pleinement enraciné dans la réalité. Et cette fusion des deux mondes ouvre des perspectives nouvelles.

Ce succès repose aussi sur un autre pilier : le collectif. Lucas ne se met pas en avant. Il partage l'affiche. Il invite d'autres créateurs, de tous styles, de toutes plateformes. Il leur donne une place, une voiture, une histoire. Le GP Explorer est une aventure à plusieurs, où chacun existe, où les rivalités sont saines, où le récit est partagé. Il ne crée pas un show autour de lui. Il crée **une dynamique de groupe** à grande échelle.

La couverture médiatique suit. Mais ce n'est pas Lucas qui la réclame. Ce sont les journalistes qui viennent à lui. Il accorde quelques interviews, mais ne monopolise jamais la parole. Il laisse le projet parler. Il **laisse les images faire le bruit**. Et ce bruit, cette clameur, ne vient pas d'un buzz artificiel. Il vient d'un succès réel, palpable, incarné. Le GP Explorer a eu lieu. Il a marqué. Il a impressionné.

Ce que l'on retient, au fond, c'est l'ambition tranquille du geste. Lucas n'a pas crié son projet. Il ne l'a pas gonflé. Il l'a réalisé. Avec rigueur. Avec sérieux. Avec passion. Et ce sérieux, dans un monde souvent ironique, fait la différence. Il rappelle que l'on peut être drôle sans être léger, que l'on peut être populaire sans être simpliste, que l'on peut être un créateur de contenu et un **producteur d'événements majeurs**.

À travers le GP Explorer, Squeezie a franchi une ligne. Il n'est plus simplement le roi de YouTube. Il est devenu **un créateur de moments**, un faiseur de scène, un générateur de récit collectif. Et ce passage du pixel au bitume, du virtuel au réel, restera comme l'un des gestes les plus spectaculaires de sa carrière.

Un événement fédérateur : entre émotion collective et prouesse logistique

Le succès du GP Explorer ne se résume pas à ses chiffres. Certes, plus d'un million de spectateurs en direct sur Twitch, quarante mille personnes dans les tribunes du circuit Bugatti, des tendances Twitter saturées pendant deux jours, une couverture médiatique nationale. Mais ce qui a marqué les esprits, c'est autre chose.
C'est **l'intensité collective**. Une forme rare d'émotion partagée, où chaque spectateur, qu'il soit devant son écran ou dans les gradins, a eu la sensation de vivre **un moment historique**.

Tout au long de la journée, un climat particulier s'installe. On sent une énergie différente. Pas celle des compétitions traditionnelles, tendues, verrouillées. Mais une **électricité bienveillante**, un mélange de stress, d'enthousiasme, de curiosité. Les créateurs ne sont pas des pilotes professionnels, mais ils ont tout donné. Ils ont appris, chuté, recommencé. Et ça se sent. Le public le sait. Il ne juge pas. Il accompagne. Il soutient. Il partage. C'est une émotion rare : la fierté partagée d'un défi relevé.

Chaque pilote incarne une histoire. Certains sont attendus, comme Seb ou LeBouseuh. D'autres surprennent, comme Sylvain (de Vilebrequin), dont le talent bluffe les commentateurs. Chaque performance est suivie comme une narration. Les erreurs deviennent des moments de suspense. Les dépassements, des cris de stade. Les ralentis, des séquences de cinéma. Le GP Explorer n'est pas un show : c'est une **véritable dramaturgie sportive**, portée par l'énergie sincère de ceux qui la vivent.

Ce qui rend cette dramaturgie si forte, c'est qu'elle est **authentique**. Rien n'est surjoué. Aucun script. Aucun clash forcé. Pas de rivalités fabriquées. Juste des amitiés réelles, des compétitions saines, une envie commune de bien faire. On rit quand un créateur rate un virage. On tremble quand un autre frôle la sortie de piste. On applaudit quand ils franchissent la ligne. Le public n'est pas là pour juger. Il est là pour accompagner. Et cette bienveillance, rare dans le monde numérique, fait toute la différence.

Mais derrière l'émotion, il y a **une organisation titanesque**. Louer un circuit mythique comme Le Mans. Réunir seize véhicules de course. Obtenir l'aval de la Fédération Française du Sport Automobile. Former les pilotes. Assurer leur sécurité. Gérer les assurances, les caméras, la retransmission en direct. Tout cela demande une **rigueur de production exceptionnelle**. Lucas ne délègue pas tout. Il coordonne. Il supervise. Il assure une présence de tous les instants. Il est à la fois créateur, pilote, producteur exécutif. Et rien ne flanche.

Ce mélange entre échelle industrielle et esprit de bande donne au GP Explorer une **identité unique**. Ce n'est ni un événement sponsorisé de bout en bout, ni un simple rassemblement de fans. C'est un **projet de passionnés**, rendu possible par une structure sérieuse, mais porté par une ambiance de potes. Ce double visage – professionnel et chaleureux – devient le cœur du projet. Et ce cœur bat fort.

Lucas aurait pu faire un événement pour lui. Centré sur son nom. Son image. Son record. Il fait l'inverse. Il **met les autres en avant**. Chaque pilote a son moment. Chaque créateur est filmé, interviewé, célébré. Aucun n'est effacé. Aucun n'est réduit à une statistique. Il crée un espace où chacun peut briller, à sa manière. Et ce respect du collectif crée une **communion rare**, où le public suit tout, pas seulement Squeezie.

Les commentaires de la course, assurés en duo, sont eux aussi à l'image du projet : précis, enthousiastes, pédagogiques, sans excès. Ils respectent le sport sans l'élitisme. Ils parlent à tous les publics. Et grâce à eux, la course est lisible, passionnante, captivante jusqu'à la dernière minute. Là encore, rien n'est laissé au hasard. Chaque détail est pensé. Chaque émotion est portée. Chaque virage devient un épisode.

À la fin de la journée, il y a des larmes. De joie, de soulagement, de gratitude. Les créateurs tombent dans les bras les uns des autres. Les spectateurs restent encore un moment, incapables de partir. Sur Twitch, le chat continue à défiler pendant des heures. Le GP Explorer n'est pas un simple événement réussi. C'est **un souvenir commun**. Un moment qu'on racontera. Un "j'y étais", même à distance. Et cette mémoire partagée, c'est peut-être ce que Lucas Hauchard a su créer de plus fort.

Un deuxième GP Explorer, une confirmation à grande vitesse

Le 9 septembre 2023, moins d'un an après la première édition, le GP Explorer revient. Même lieu : le circuit Bugatti du Mans. Même format : seize créateurs en course, des monoplaces officielles, une diffusion en direct sur Twitch. Mais cette fois, l'événement ne suscite pas seulement de l'enthousiasme. Il suscite **de l'attente**. Parce que le premier GP a marqué les esprits, le second doit confirmer. Et ce que Lucas Hauchard va réussir, c'est exactement cela : **tenir la promesse, et aller plus loin**.

Dès l'annonce, le ton est donné. Les créateurs sélectionnés forment une **galerie renouvelée**, entre visages familiers et nouvelles figures. Le casting s'ouvre davantage à la parité, aux univers variés. On retrouve Seb, LeBouseuh, Sylvain, mais aussi des profils comme Djilsi, Horty, AnaOnAir. Le projet devient encore plus collectif, encore plus inclusif. Et Lucas le dit d'emblée : ce n'est pas une répétition. C'est une **nouvelle édition**, avec ses propres enjeux, ses propres récits.

L'entraînement reprend, plus intensif encore. La communication monte progressivement. Mais là encore, Lucas évite l'effet d'annonce trop massif. Il préfère **le travail de fond à l'effet de comète**. Il peaufine, il prépare. Il donne envie sans saturer. Et le public suit. Le compteur d'attente Twitch grimpe. Les billets partent en quelques heures. Sur les réseaux, les débats sur les favoris enflamment la communauté. L'événement n'a pas encore eu lieu, et pourtant, il est déjà vivant.

Le jour J, tout s'accélère. Le circuit est complet. Le stream explose les records du premier GP. Plus d'1,3 million de spectateurs simultanés sur Twitch. C'est, à ce moment-là, **le live francophone le plus suivi de l'histoire**. Mais au-delà du chiffre, c'est l'ambiance qui impressionne. Plus fluide, plus maîtrisée, plus intense. L'équipe d'organisation a appris de la première édition. Tout est plus précis. Plus rapide. Plus fluide. Et pourtant, l'émotion est intacte.

Sur la piste, le niveau a clairement monté. Les pilotes sont plus audacieux, plus techniques. Certains, comme Sylvain ou Depielo, impressionnent par leur régularité. D'autres surprennent par leur progression. Les dépassements sont plus nombreux. Les écarts plus serrés. Et dans les paddocks, on sent la tension. Ce n'est plus seulement un défi personnel. C'est une **compétition sportive à part entière**, suivie, commentée, analysée comme une vraie course.

Lucas, lui, est partout. À l'organisation, à la coordination, mais aussi au volant. Il pilote. Il se bat. Il vit la course comme les autres. Pas de privilège. Pas de posture. Il est dans le jeu. Il est dans l'effort. Il donne tout. Et cela crée une **symétrie rare** : le créateur d'événement est aussi son acteur. Il ne dirige pas depuis une loge. Il partage la sueur, les doutes, les vibrations. Et cette implication renforce l'authenticité du projet.

Autour de l'événement, tout s'élargit. Les partenaires sont plus nombreux, mais toujours bien choisis. Les infrastructures s'améliorent. Le son, l'image, les commentaires : tout est au niveau d'un grand show sportif. Mais l'esprit de départ reste là. Ce n'est pas une machine froide. C'est **une fête technique**, où la logistique ne vient jamais étouffer la joie. On rit, on tremble, on célèbre. Le GP Explorer 2 est une performance autant qu'un moment d'émotion.

Les retours sont dithyrambiques. Le public salue l'évolution, la tenue, la qualité. Les médias parlent de "nouvelle ère", de "révolution culturelle". Les autres créateurs rêvent d'en faire partie. Certains pilotes professionnels avouent être bluffés. L'événement ne fait plus sourire. Il **impose le respect**. Il s'installe. Il dure. Il devient une date dans le calendrier culturel et sportif français.

Et surtout, il ne perd rien de son âme. Car Lucas veille. Il écoute, ajuste, recadre. Il refuse le spectaculaire vide. Il choisit toujours **le juste au bon**. Le GP Explorer n'est pas là pour faire le plus fort. Il est là pour faire le plus juste. Le plus cohérent. Le plus humain. Et c'est cela, au fond, qui fait sa force : sa capacité à grandir sans se corrompre.

Avec cette deuxième édition, Squeezie confirme une chose essentielle : ce n'était pas un exploit isolé. C'était **une bascule durable**. Il est désormais l'un des seuls créateurs européens capables d'imaginer, produire et incarner un événement de cette ampleur, sans renier une seule ligne de son identité. Et ce GP 2, aussi fou que maîtrisé, restera comme la preuve que Lucas Hauchard n'a pas fini de nous surprendre — ni d'inventer la suite.

Une passerelle entre mondes : sport, divertissement et narration

Le GP Explorer n'est pas seulement un événement de plus dans le paysage numérique. Il marque une transition plus large, presque historique : celle où un créateur issu du web devient **un acteur transversal**, capable de relier des univers que l'on croyait séparés. Avec cette course, Squeezie ne se contente pas d'organiser une compétition. Il bâtit une **passerelle entre trois mondes** : le sport, le divertissement, et la narration. Et cette passerelle fonctionne, parce qu'elle repose sur une vision claire, un instinct précis, et une confiance absolue dans l'intelligence collective.

D'un point de vue sportif, le GP Explorer respecte tous les critères. Les règles sont fixées par la Fédération Française du Sport Automobile. Les pilotes sont encadrés, formés, équipés comme des professionnels. Le niveau technique, entre la première et la deuxième édition, ne cesse de grimper. On ne parle pas ici d'un jeu de kermesse : il s'agit d'une **véritable épreuve de pilotage**, reconnue par les instances officielles. En ce sens, Lucas a réconcilié deux mondes longtemps opposés : celui du sport de haut niveau, et celui de la culture numérique.

Mais le GP Explorer ne devient pas pour autant un événement élitiste. Il reste **un divertissement**, au sens noble du terme. Chaque course est aussi un spectacle. Les commentateurs animent. Le public participe. Les invités rient, tremblent, vivent avec les pilotes. Il n'y a pas de quatrième mur. Il n'y a pas de distance. La course est partagée, vécue, ressentie. Elle est suivie comme une épreuve de télé-réalité, mais sans les artifices, sans le montage mensonger. Elle repose sur **l'authenticité du direct**.

Et surtout, elle raconte une histoire. C'est là que le troisième pilier entre en jeu : la **narration**. Chaque édition du GP Explorer est structurée comme une série. Il y a une annonce. Des épisodes préparatoires. Un casting. Des intrigues secondaires. Des revanches, des favoris, des surprises. Les spectateurs suivent les arcs de chaque pilote comme on suivrait une saga. Il ne s'agit pas seulement de gagner. Il s'agit de **vivre un récit**, où chaque virage devient une scène.

Lucas a compris une chose que peu de producteurs traditionnels ont anticipée : aujourd'hui, les spectateurs ne veulent plus choisir entre spectacle et vérité, entre performance et proximité. Ils veulent **tout à la fois**, dans un dosage subtil. Ils veulent vibrer, comprendre, appartenir. Et c'est ce que permet cette passerelle qu'il construit : une tension sportive réelle, un cadre divertissant lisible, et une histoire humaine à suivre.

Il ne cherche pas à inventer une nouvelle discipline. Il ne transforme pas le sport en cirque. Il ne transforme pas le contenu en compétition forcée. Il fait le lien. Il **crée des passerelles**, là où d'autres dressent des murs. Il montre que le numérique n'est pas un monde à part, mais un point de contact entre des pratiques, des publics, des sensibilités. Et cette démonstration a un poids symbolique considérable.

Cette fusion, il la pense aussi dans la durée. Il ne veut pas créer un événement isolé, mais une **culture du rendez-vous**, où la narration se construit d'année en année. Il sait que pour durer, il faut raconter. Il faut poser des jalons, des attentes, des mémoires. Il faut que les spectateurs aient hâte, non pas seulement pour l'action, mais pour **retrouver un univers**. Le GP Explorer devient un monde en soi.

Le succès du projet inspire. D'autres créateurs rêvent d'organiser des événements physiques, de monter des compétitions, de sortir de l'écran. Mais très peu parviennent à le faire avec la même rigueur, la même sensibilité, la même narration. Car ce que Lucas a compris, c'est que l'essentiel n'est pas dans le décor. Il est dans **la cohérence du projet**. Ce n'est pas le circuit qui fait le GP. C'est la façon dont on y entre, dont on le vit, dont on le raconte.

À travers cette triple dynamique – sport, divertissement, narration – Squeezie montre que YouTube n'est plus un monde à part. Il est devenu un **centre de gravité culturel**, capable d'essaimer dans le réel, d'influencer des pratiques, d'inventer des formats nouveaux. Et dans ce nouvel espace, Lucas Hauchard fait figure de pionnier : il avance sans modèle, mais avec une boussole. Il sait ce qu'il veut faire vivre. Et il sait comment le faire vivre.

Le GP Explorer restera dans l'histoire comme un événement. Mais il restera surtout comme une **preuve**. La preuve qu'on peut fédérer sans démagogie. La preuve qu'on peut mêler l'exigence du sport, la chaleur du divertissement, et la précision d'un récit. Et cette preuve,

Lucas l'a posée comme un pont. Entre mondes. Entre générations. Entre formats. Il n'a pas juste organisé une course. Il a **ouvert une voie**.

Chapitre 10 – Squeezie aujourd'hui : une figure culturelle majeure

Créer sans s'enfermer : le défi de durer

En 2024, cela fait plus de treize ans que Lucas Hauchard publie des vidéos. Treize années à créer, évoluer, tester, se remettre en question. À l'échelle du numérique, c'est une éternité. Peu de créateurs ont tenu aussi longtemps. Et parmi ceux-là, rares sont ceux qui ont su rester pertinents. Rares aussi sont ceux qui ont su rester eux-mêmes. Le défi, pour Lucas, n'a jamais été de durer pour durer. Son vrai défi, c'est de **durer sans s'enfermer**. De ne pas devenir prisonnier de sa propre réussite.

Dès ses débuts, Lucas a compris un principe simple : sur YouTube, tout change vite. Ce qui marche un jour peut lasser le lendemain. Les formats s'érodent. Les habitudes fatiguent. Les algorithmes imposent leur tempo. Il aurait pu céder à cette logique, courir après les tendances, se multiplier, se déformer. Il a choisi l'inverse. Il a choisi la **maîtrise**, le rythme personnel, l'évolution lente mais sincère. Il a fait le pari qu'on pouvait grandir avec son public, au lieu d'en changer tous les six mois.

Ce pari, il l'a tenu. Il a traversé les modes sans se dissoudre dans elles. Il a testé sans trahir. Il a changé sans rompre. Et aujourd'hui, sa chaîne YouTube ne ressemble à aucune autre. Elle ne suit pas une grille, elle ne suit pas un

119

modèle. Elle suit **une intuition**, un équilibre fragile entre envie, créativité, respiration. Il peut publier trois vidéos en un mois, ou une seule en deux mois. Il n'explique pas. Il ne s'excuse pas. Il avance, **en cohérence avec ce qu'il est devenu**.

Cette liberté a un prix. Elle demande de l'exigence. Elle exige de ne pas tricher. De ne pas remplir pour remplir. De ne pas poster pour rester dans l'actualité. Lucas accepte ce prix. Il préfère se faire discret que de publier sans fond. Il sait que dans un monde saturé d'images, la rareté peut redevenir une force. Et cette rareté, chez lui, n'est jamais posture. C'est une **forme de fidélité à l'intention initiale** : ne proposer que ce qu'il trouve digne d'exister.

Créer sans s'enfermer, c'est aussi accepter de ne pas tout contrôler. Lucas ne cherche pas à figer son image, ni à construire un personnage éternel. Il se montre quand il le souhaite. Il disparaît quand il en a besoin. Il refuse l'obligation d'être toujours visible. Il sait que le silence fait partie de l'œuvre. Que l'absence peut parfois **préserver l'intensité de la présence**. Et cette logique va à rebours de la plupart des créateurs contemporains.

Sa longévité tient aussi à un autre facteur : il a su ne pas s'entourer de clones. Il n'a pas bâti une écurie d'influenceurs à son image. Il n'a pas industrialisé sa production. Il a conservé une équipe stable, fidèle, modeste. Des gens qu'il connaît. Qu'il respecte. Qui le comprennent. Cela lui permet de garder un **ancrage humain**, une constance invisible dans les coulisses, mais essentielle à la fluidité de son parcours.

Il a aussi refusé de verrouiller sa carrière dans une seule direction. Il aurait pu devenir un musicien à plein temps après *Oxyz*. Il aurait pu faire de GP Explorer une marque, une franchise. Il aurait pu lancer des studios, des produits dérivés, des formats réplicables à l'infini. Mais il a choisi autre chose : la **mobilité**, la souplesse, la capacité à répondre à ses propres cycles créatifs. Il veut pouvoir changer d'avis. Réorienter. Revenir. Partir. Il veut **rester vivant**, en tant qu'artiste.

Ce choix ne le protège pas du doute. Il le traverse, comme tous les créateurs. Il a des creux. Des peurs. Des fatigues. Mais il les assume. Il les intègre. Il ne les cache pas sous des sourires forcés. Il ne dramatise pas non plus. Il continue. Par petits gestes. Par éclats. Par élans. Et c'est dans cette régularité discrète que se construit une œuvre durable. Non pas une œuvre parfaite, mais une œuvre **habitée, sincère, organique**.

Lucas Hauchard, aujourd'hui, n'a plus rien à prouver. Mais il continue de chercher. Non pas à convaincre. À **se convaincre lui-même** qu'il a encore quelque chose à dire. Quelque chose à filmer. Quelque chose à inventer. Cette humilité-là n'est pas feinte. Elle est le carburant. Et c'est sans doute cela, plus que la notoriété ou les chiffres, qui le maintient debout : cette soif silencieuse de continuer à créer, même quand tout semble acquis.

Créer sans s'enfermer, c'est peut-être la forme la plus haute de la liberté artistique. Et c'est celle que Squeezie, à sa manière, cultive depuis plus d'une décennie. Sans cris. Sans revendications. Mais avec une constance rare. Une force tranquille. Une fidélité à ce feu intérieur que rien n'a encore éteint.

Squeezie dans le paysage médiatique : reconnaissance et singularité

À la croisée des années 2020, Lucas Hauchard n'est plus seulement une figure centrale de YouTube. Il est devenu une **référence culturelle**. Le nom "Squeezie" dépasse les frontières du web, dépasse même celles de sa génération. Il appartient désormais au paysage français, au même titre que certains artistes, sportifs ou figures médiatiques. Mais contrairement à d'autres, cette reconnaissance n'a jamais été recherchée pour elle-même. Elle est **la conséquence naturelle d'un travail long, rigoureux, inventif**, mené loin des codes habituels du vedettariat.

La reconnaissance institutionnelle arrive progressivement. En 2022, il est invité dans des formats journalistiques prestigieux. Il est cité dans des classements d'influence, mentionné dans des études sur la culture numérique, invité sur des plateaux où l'on parle d'art, de société, d'éducation. Mais il ne se laisse jamais instrumentaliser. Il choisit ses apparitions. Il refuse de jouer **le rôle du représentant d'une génération**. Il parle en son nom. Toujours.

Ce qui frappe, dans ces contextes médiatiques, c'est sa capacité à **garder son ton, sans chercher à s'imposer**. Il ne surjoue pas sa légitimité. Il ne revendique rien. Il explique, il raconte, il détaille. Il apporte un regard, pas une posture. Et c'est cette sobriété, cette précision, cette absence de narcissisme, qui fait souvent mouche. Là où tant d'autres se perdent dans l'ego ou la provocation, lui reste dans **la clarté d'une parole juste, posée, incarnée**.

La presse traditionnelle, longtemps distante vis-à-vis des créateurs numériques, change peu à peu de ton à son égard. On ne le décrit plus comme un "phénomène", un "YouTubeur à succès" ou un "jeune qui cartonne sur Internet". On parle d'un "créateur", d'un "producteur", d'un "artiste". Les articles se font plus fins, plus profonds. Ils s'intéressent à son parcours, à ses choix, à sa vision du métier. La **figure de Squeezie se complexifie** dans l'œil des médias.

Mais cette reconnaissance ne le pousse pas à s'institutionnaliser. Il garde ses codes. Il reste fidèle à son équipe, à sa manière de produire, à son rythme. Il ne se laisse pas formater. Il n'intègre pas les cercles du pouvoir culturel. Il n'assiste pas aux grandes cérémonies. Il ne joue pas le jeu des dîners mondains. Il **préserve une forme d'autonomie rare**, qui contribue à sa singularité. Il est reconnu, sans devenir récupérable.

Cette autonomie se voit aussi dans ses choix créatifs. Il aurait pu accepter toutes les propositions : films, séries, campagnes nationales. Il a refusé la plupart. Pas par snobisme. Par cohérence. Il ne veut pas apparaître partout. Il veut **rester lisible, identifiable, fidèle à son territoire**. YouTube n'est pas une étape pour lui. C'est un espace. Un langage. Un lieu qu'il respecte, et qu'il continue à habiter avec sérieux.

Cette fidélité à son ancrage le rend précieux. Car il reste **un repère dans un paysage mouvant**. Là où certains créateurs se perdent dans les opportunités, Lucas tient le cap. Il ne cherche pas à tout faire. Il cherche à bien faire ce qu'il choisit. Et ce choix de la limitation volontaire, dans une époque où l'hyperexposition est valorisée, devient presque un acte politique. Un refus de la dispersion. Une affirmation de la rigueur.

Le plus étonnant, peut-être, c'est que cette position d'équilibre ne l'a jamais coupé de son public. Bien au contraire. Plus il est respecté par les institutions, plus il reste accessible. Plus il est reconnu, plus il reste proche. Il garde ce lien direct, ce ton franc, cette générosité de contenu qui font que, malgré la notoriété, **il reste Squeezie**. Pas un autre. Pas un rôle. Pas un costume. Lui, dans ce qu'il a de plus simple et de plus travaillé.

Cette singularité tient aussi à son refus d'incarner une idéologie. Il ne prêche pas. Il ne donne pas de leçons. Il ne moralise pas. Mais il incarne, à sa manière, **une éthique du travail, une attention à l'autre, une constance dans l'humilité**. Et cette posture, en creux, devient un modèle. Un contre-exemple aux dérives du système. Une manière de montrer que l'on peut réussir, créer, durer… sans se déformer.

En 2024, Squeezie n'est pas un phénomène à expliquer. Il est une présence à comprendre. Une figure stable dans un monde instable. Un créateur exigeant dans un monde pressé. Et cette reconnaissance-là, non criée, non médiatisée, non arrachée, est sans doute **la plus solide**.

Celle qui ne dépend d'aucun effet. Celle qui traverse les années.

Une influence assumée : rôle modèle, malgré lui

Il n'a jamais cherché à être un modèle. Il ne s'est jamais présenté comme un exemple. Et pourtant, il est devenu l'un des visages les plus emblématiques d'une génération. Lucas Hauchard, alias Squeezie, incarne aujourd'hui **une forme d'influence tranquille**, sans militantisme, sans discours normatif, mais avec une constance, une clarté, une manière de faire qui parle à des millions de jeunes. Il est un rôle modèle, non parce qu'il le revendique, mais parce que, malgré lui, **il en remplit toutes les fonctions**.

Cette influence n'est pas théorique. Elle est vécue. Quotidienne. Pour beaucoup d'adolescents et de jeunes adultes, Squeezie n'est pas simplement un créateur de contenu. Il est **un repère de stabilité**, quelqu'un qu'on suit depuis des années, quelqu'un qui a grandi sous leurs yeux. Ce lien n'est pas fondé sur l'idéalisation. Il est fondé sur **la continuité, l'intimité numérique, la fidélité**. Il rassure sans promettre. Il inspire sans imposer.

Lucas n'a jamais dicté de mode de vie. Il ne prétend pas avoir les réponses. Il doute. Il parle de ses erreurs. Il raconte ses essais. Il partage ses limites. Et cette parole humble, jamais surplombante, devient une forme rare de discours dans le monde numérique. Là où beaucoup cherchent à donner des leçons, lui **donne à penser**. Par son parcours. Par ses choix. Par sa manière d'habiter son métier.

Ce qui impressionne, c'est qu'il parvient à **tenir cette position sans la jouer**. Il ne cherche pas à devenir un "grand frère". Il ne moralise pas. Il ne s'invente pas de mission éducative. Mais dans les faits, il joue ce rôle. Parce qu'il est cohérent. Parce qu'il travaille dur. Parce qu'il traite les autres avec respect. Parce qu'il montre qu'on peut réussir sans tricher, créer sans blesser, durer sans se dénaturer. Il n'est pas un guide. Il est une preuve.

Cette position de rôle modèle, il la porte avec lucidité. Il sait qu'il est observé. Que ses gestes comptent. Il ne s'en vante pas. Il ne s'en plaint pas. Il en assume **la responsabilité silencieuse**. Lorsqu'il prend la parole sur un sujet de société, il le fait avec prudence, avec écoute, sans récupération. Lorsqu'il s'engage, c'est sur des projets qu'il comprend, qu'il maîtrise, auxquels il croit. Il refuse l'opportunisme. Il choisit **l'alignement**.

Cette influence s'exerce aussi dans sa manière d'exister dans le temps. Il montre qu'on peut commencer jeune, évoluer, changer, et **ne pas devenir une caricature de soi-même**. Il montre qu'on peut s'adresser à un public large sans céder à la vulgarité. Qu'on peut garder son intégrité dans un monde qui pousse à la mise en scène permanente. Il est devenu, au fil des années, une figure de constance dans un monde d'instabilité.

De nombreux jeunes créateurs citent aujourd'hui Squeezie comme inspiration. Pas seulement pour son succès, mais pour sa manière d'être. Son sérieux. Sa discrétion. Sa capacité à innover sans se répéter. Il ne forme pas une école, mais **il trace une ligne**. Une ligne faite de travail, de respect, de patience. Et dans un écosystème souvent dominé par l'urgence et le bruit, cette ligne apparaît comme une boussole.

Ce qui est remarquable, c'est que cette influence **ne s'appuie sur aucune revendication identitaire**. Lucas ne représente pas un clan, une cause, une catégorie. Il parle de son expérience, de sa créativité, de ses projets. Il ne divise pas. Il ne simplifie pas. Il est suivi par des jeunes de tous horizons, parce qu'il incarne quelque chose de rare : **la rigueur sans prétention, la réussite sans domination**.

Dans les moments de crise ou de tension, cette posture devient précieuse. Quand il s'exprime, sa voix est écoutée, parce qu'elle est rare, posée, fondée. Il ne s'improvise pas expert. Il partage un point de vue. Et ce geste, à lui seul, apaise souvent les débats. Non parce qu'il dit ce qu'il faut entendre, mais parce qu'il le dit avec **honnêteté, sans intention cachée**. Il n'est pas là pour gagner une opinion. Il est là pour proposer un regard.

Être un rôle modèle malgré soi, c'est une charge. Mais c'est aussi une force. Et Lucas Hauchard, en ne cherchant jamais à s'imposer comme tel, est devenu **l'un des rares créateurs à être à la fois libre et écouté, indépendant et rassembleur, humble et central**. Cette place, il ne l'a pas conquise. Il l'a construite, pas à pas, vidéo après vidéo, projet après projet. Et elle lui ressemble : solide, fluide, sans ornement inutile.

Et maintenant ? L'héritage d'un pionnier

Il y a des carrières longues, des carrières brillantes, et puis il y a celles qui redessinent les contours d'un métier. Celle de Lucas Hauchard appartient à cette dernière catégorie. En un peu plus de dix ans, il n'a pas seulement marqué YouTube : il a **réinventé ce qu'un créateur peut être**, ce qu'il peut faire, ce qu'il peut apporter. Et aujourd'hui, alors que son influence est à son sommet, une question s'impose : quel héritage laisse-t-il derrière lui ? Et surtout : que va-t-il en faire ?

Squeezie n'a jamais annoncé de fin. Il n'a jamais dit qu'il s'arrêterait. Il n'a jamais posé de point final. Mais il a, à plusieurs reprises, évoqué **l'envie de transmettre, de passer à d'autres formes, de se renouveler autrement**. Il ne veut pas "faire YouTube toute sa vie", non par lassitude, mais parce qu'il sait que la création a besoin d'espaces neufs. Il a déjà prouvé qu'il pouvait sortir du cadre. Demain, il ira plus loin encore.

Ce qu'il construit maintenant n'est pas un empire, ni une entreprise tentaculaire. C'est une **forme d'écosystème fluide**, autour de projets, de talents, de formats. Il tend la main à d'autres. Il donne de la place. Il invite. Il conseille. Il crée sans centraliser. Il ne veut pas être un patron. Il veut être un **passeur**, un facilitateur de créations nouvelles. Et cette posture, dans un monde souvent dominé par la logique de monopole, est aussi rare que précieuse.

Son héritage tient à cette posture. À cette manière de faire sans s'imposer. De durer sans figer. De réussir sans écraser. Il laisse derrière lui **des formats, des repères, des méthodes**, mais aussi un esprit : celui d'une création exigeante, généreuse, curieuse. Il a prouvé qu'on pouvait venir du divertissement et accéder à l'art. Qu'on pouvait venir du numérique et dialoguer avec la société. Qu'on pouvait faire rire, toucher, surprendre, avec rigueur et bienveillance.

Beaucoup d'autres créateurs citent Squeezie comme déclencheur. Pas parce qu'ils ont voulu faire comme lui, mais parce qu'il a **ouvert une porte**. Parce qu'il a rendu possible un nouveau rapport à la création. Moins centré sur soi. Plus centré sur ce qu'on veut faire vivre. Il a montré que le vrai moteur, ce n'était pas la célébrité, mais l'envie. L'envie de faire, de faire bien, de faire ensemble.

L'autre dimension de son héritage, c'est le rapport au public. Lucas a inventé, sans le dire, **une nouvelle relation de confiance** entre créateur et spectateur. Une relation faite de respect, de transparence, de mesure. Il n'a jamais pris son audience pour une cible. Il l'a toujours considérée comme une interlocutrice. Il ne l'a jamais flattée. Il ne l'a jamais trahie. Et cette éthique de la relation est aujourd'hui l'un des piliers de son image.

Il a aussi montré qu'un créateur peut avoir une trajectoire **non linéaire**, faite de bifurcations, de pauses, de retours, de tentatives. Qu'on peut s'autoriser à être multiple. À changer de rythme. À dire non. À ne pas tout faire. Il a incarné un contre-modèle fécond : celui du créateur **libre, réfléchi, responsable**. Et ce modèle, plus que tout, inspire.

Alors que certains de ses pairs s'épuisent, s'effondrent, se reconvertissent dans l'urgence, lui continue à avancer, doucement, sûrement. Il a pris le temps de construire, de comprendre, de consolider. Il a refusé la vitesse pour privilégier l'**ancrage**. Et cet ancrage, aujourd'hui, lui permet d'imaginer l'avenir sans peur. Sans précipitation. Sans besoin de surjouer une "nouvelle étape".

Lucas Hauchard n'est pas en fin de parcours. Il est à un point de bascule. Il peut tout faire. Produire, créer, disparaître un temps, revenir, transformer. Il n'a plus rien à prouver. Mais il a encore **beaucoup à dire**, beaucoup à faire, beaucoup à transmettre. Ce n'est pas une fin. C'est un commencement. Un passage de relais. Une mutation. Et cette mutation, fidèle à tout ce qu'il a été, sera faite dans le silence, dans le soin, dans la clarté.

L'héritage de Squeezie ne se mesure pas en vues. Il se mesure en possibilités ouvertes. En standards relevés. En chemins rendus visibles. En espaces créatifs élargis. Il a donné aux autres **l'autorisation d'essayer**. Et ce don, rare, profond, durable, restera. Comme une trace. Comme une lumière. Comme une œuvre en mouvement.

Table des matières

Chapitre 1 – Lucas Hauchard avant Squeezie (1996–2010) 3
    Naître en banlieue parisienne : enfance entre image, son et écriture 3
    L'influence du frère : musique, ordinateur, webcam 6
    Premiers montages, premières voix off : les prémices du "ton Squeezie" .... .10
    Une adolescence casanière et hyperconnectée 13
Chapitre 2 – La naissance d'une chaîne (2011–2012).....17
    3 mars 2011 : upload de la première vidéo 17
    Une voix de pré-ado, un montage rapide, une énergie neuve .... .20
    L'époque Call of Duty, Minecraft et Let's Play décalés .... .23
    Les débuts d'une communauté fidèle et participative 26
Chapitre 3 – Squeezie devient Squeezie (2013–2014) 29
    Premiers millions de vues : vers une notoriété exponentielle .... .29
    L'évolution du format : humour absurde et jump cut frénétique .... .32
    Le duo avec Cyprien : une nouvelle dynamique créative .... .35
    Le choc des premières critiques et l'affirmation d'un style .... .38
Chapitre 4 – YouTubeur numéro un (2015–2016) 42
    Changement de statut : les records d'abonnés en France .... .42
    Diversification des formats : sketches, chansons, défis .... .45
    Vie privée et exposition médiatique : les zones de flou .... .48

Première stabilisation : tenir la cadence dans la durée
.... .51

Chapitre 5 – La maturité créative (2017–2018)...............55

L'explosion des projets hors gaming.........................55

De nouvelles influences : cinéma, narration, et mise en scène... .58

La complicité avec les invités : vers des formats collectifs.. .61

Chiffres, sponsors, gestion : le début d'un empire.....64

Chapitre 6 – L'année charnière (2019)...........................68

Le défi musical : lancement du projet Freestyles.......68

Les clips évènementiels : vers une ambition visuelle assumée... .71

Une relation d'auteur à sa communauté....................74

La préparation de l'album : entre secret et montée en tension.. .77

Chapitre 7 – L'album surprise (2020)............................81

L'annonce inattendue : Squeezie devient Oxyz..........81

Un album personnel, mélodique, introspectif............84

Réactions, critiques, réception : entre respect et surprise.. .87

Continuer YouTube après l'album : l'équilibre délicat
.... .90

Chapitre 8 – Le roi des concepts (2021–2022)...............94

Le format "Qui est l'imposteur ?" : viralité et précision
.... .94

Le jeu comme narration : inventer des formats dans un monde saturé... .97

Une équipe de confiance, un cadre artisanal...........100

Maîtriser l'image sans la figer : un modèle à contre-courant... .103

Chapitre 9 – De YouTube à la scène (2022–2023)........106

La folie GP Explorer : créer l'événement hors écran
.... .106

Un événement fédérateur : entre émotion collective et prouesse logistique...109

Un deuxième GP Explorer, une confirmation à grande
vitesse...112
Une passerelle entre mondes : sport, divertissement et
narration... .115
Chapitre 10 – Squeezie aujourd'hui : une figure culturelle
majeure...119
Créer sans s'enfermer : le défi de durer...................119
Squeezie dans le paysage médiatique : reconnaissance
et singularité.. .122
Une influence assumée : rôle modèle, malgré lui....125
Et maintenant ? L'héritage d'un pionnier.................128
Table des matières... .131